菩薩戒指要

聖嚴法師

自序

當我於一九六五年撰成《戒律學綱要》而寫〈自序〉時，即說：「因為戒律是佛子生活中唯一的防腐劑，這是我學習戒律的動機。」——古人弘揚戒律，多半是講說戒律、註解戒律，我則是消化相關於戒律的龐大文獻，提出問題、理清問題。

我從事大、小乘戒律的研探著作，已歷三十多年，目的是在通俗、簡易、實用。既不落於古人的陳軌，也不脫離古人的芳範；既希望使得讀者易看易懂，也要保留提供原始資料的根據。也就是說，我是做的溫故知新及推陳出新的工作，便利今人，古為今用。在普及推廣的原則下，仍不失其有學術基礎的內涵。

自從我深入律藏以及古人的戒律註疏以來，知道以今日的時代環境，墨守完成於二千五百多年前印度境內的戒律條文，根本是不可能的事。但是，若無佛制的戒律，做為佛教徒的生活準則，清淨身、口、意三業的目的，也就很難達成。因此，我是注重佛陀制定戒律的精神，不主張死守其全部的戒律條文。

我對於戒律的探索，自始迄今，雖沒有間斷，我的戒律學作品，卻不是很多，成書出版的，除了《戒律學綱要》，僅有《佛教制度與生活》、《學佛知津》兩書，收有戒律的文章。到了一九九三年《法鼓全集》編成時，即將此二書中與戒律問題相關的各篇，集成一冊，名為《律制生活》。所以，本書應算是我研究戒律學的第三種專著了。

本書的特色，是著眼於大乘菩薩戒的弘揚，以往的治律大家，多半是對僧尼的出家戒律下工夫，若注意到菩薩戒，便是對菩薩戒本或菩薩戒經做講解註釋的工作。我則是經過數十年的醞釀，待因緣成熟時，把菩薩戒做了全體整合與條理的工作。

因為從歷史的資料及現實的環境，使我們發現，比丘、比丘尼的出家戒律，既不能全盤遵守，菩薩戒又是僅在少數人之間的文字流傳，總得找出一條可以行走的路來才好。所謂「因緣成熟」，是指我們的中華佛學研究所，於一九九〇年及一九九二年，召開了兩屆的「中華國際佛學會議」，其主題是「佛教倫理」及「傳統戒律」的現代化，討論的目的，便是為了如何活用實用佛教的戒律精神於現代社會。

我在會中發表及提供參考的論文，便是本書一、二、四、五的四篇，均收入在一九九三年版《法鼓全集》三之一的《學術論考》之中。

我在一九九一年十二月二十二日於紐約的東初禪寺，為東西方信眾八十八人，試辦了一場菩薩戒傳戒會，反應良好。復於一九九三年二月十八日及二月二十一日，一九九五年二月六日及二月九日，於農禪寺舉辦了兩屆四梯次的菩薩戒會，共計一千八百多位法鼓山的會員參與受戒。為了使得我們的菩薩戒傳戒理念更為明確、更有學理依據，我又於一九九四年冬撰寫了另一篇文章，那便是本書的第三篇。

為了鼓勵大家來受易學易持、可深可淺、適應時空的菩薩戒，我也寫了兩稿，那便是本書的第六、七兩篇。

傳授菩薩戒，必須使用傳戒儀軌，因此而編成了菩薩戒及幽冥戒的兩種簡易儀範；一九九五年春，菩薩戒會圓滿日我們成立了菩薩戒會，鼓勵每半月誦戒一次，故又出現了誦戒儀。這便是本書的三種附錄。

到此為止，我對於弘揚菩薩戒所做的準備工作，大致已經完成，所以彙集相關的各篇文稿，編成本書，名為《菩薩戒指要》，便利我們自己使用，也有助於讀者的了解參考。看完本書，最好也看《戒律學綱要》第七篇〈三世諸佛的搖籃——菩薩戒綱要〉。

菩薩的身分，是從最初的新發心，到最後的金剛後心；菩薩道的修行，是從初機的凡夫開始，以無上菩提的成等正覺為目標。因此，菩薩戒的內涵，不應該是一成不變的若干條文，乃在以清淨的身心，增長慈悲的功德及智慧的功德。故從三藏聖典及漢藏兩系的古今佛教著述中，探明菩薩戒的心要，端在於僧俗四眾都能通用的三聚、十善、十無盡戒。以三聚淨戒攝盡一切淨戒、一切善法、一切濟世利物的全體佛法；十善法為一切淨戒的基礎，當然也是菩薩戒的總綱；以《梵網經》的十無盡戒，為盡未來際永恆不渝的菩薩戒準繩。本書弘揚的，便是這種可大可久，遇淺即淺，遇深即深，在凡即凡，在聖即聖，而且一律以清淨三業、發菩提心、修菩薩道，為其根本精神的菩薩戒法。

一九九五年六月十八日聖嚴序於紐約東初禪寺

目錄

編案：本書於二〇二〇年再編時新收錄〈對在家菩薩戒的認識〉，以便相關主題呈現更為完整。

傳統戒律與現代世界

一

佛教的戒律有兩大類：聲聞律儀及菩薩律儀。

（一）聲聞律儀。出於部派佛教所傳承的所謂聲聞律藏，也就是在家、出家的七眾律儀，其中包括優婆塞、優婆夷、沙彌、沙彌尼、式叉摩尼、比丘、比丘尼。以其所受的戒相名目而分，則為三皈、五戒、八戒、十戒、六法、比丘二百五十戒、比丘尼五百戒。八戒以前是在家人所受，十戒以後是出家人所受，唯有比丘及比丘尼戒，稱為具足戒，即是受了全部的戒律之謂。

（二）菩薩律儀。是大乘菩薩依據大乘經典中所見的菩薩行儀，編集而成菩薩戒經，除了《優婆塞戒經》是僅為在家居士而設之外，其餘不論何經，凡是菩薩戒，都是為在家、出家分別受持，《梵網菩薩戒經》甚至許可凡解法師語者，縱然是畜生道及鬼神類的眾生，均得受持。菩薩戒戒相條目的多少，諸經略有出入，《瑜伽師地論》及《菩薩地持經》稱為四重及四十三輕事，《梵網菩薩戒經》則為十重及四十八輕，《優婆塞戒經》卻為六重及二十八失意。不過一致以三聚淨戒，做為菩薩戒的總則：1.律儀戒，2.攝善法戒，3.饒益有情戒。在此三項總則下，遵守的條文，可多可少。唯其涵蓋的層面，極其深廣，聲聞律儀的七眾戒，為菩薩戒的律儀戒所攝，菩薩戒的特色則尚須修一切善法，度一切眾生，方成三聚。

此為傳統戒律的一個輪廓。

二

接著討論：類此的戒律，對於現代世界中的佛教徒，有何作用？有何困難？對於現代世界的人類社會，能扮演何種角色，分擔何等責任？

我們必須先得肯定，佛法既對世界有益，佛教的戒律也必有其存續和推廣的價值。因為，佛教的戒律，跟佛陀的教法是無法分割的。佛陀的教法是屬於觀念及理論的疏導；佛教的戒律則是配合著佛陀的教法而實踐於日常生活中的具體規範。因此，在律典中對於戒律的稱謂叫作「正法律」，即是為了實踐佛陀宣示的正法而設定的規律。

不過，由於時代的遞演、環境的遷移，二千五百數十年前，佛陀為了適用於印度社會而制的戒律，未必能夠適應於無盡的空間及無窮的時間。故在佛陀將入滅時，於《長阿含經》的《遊行經》中，告知阿難：「自今日始，聽諸比丘，捨小小戒。」《毘尼母經》卷三稱此為「微細戒」；《五分律》卷二十二也說到「餘方不以為清淨者，皆不應用」、「餘方必應行者，皆不得不行」。這都說明了佛陀制戒，不是一成不變，其實是有相當大的變通性及適應性。

三

可是，後來的比丘們，相當保守，對於聲聞律儀，因為無人敢做修訂，以致傳到中國，便遇上儒家的倫理觀念與佛教的出家行為相牴觸，也碰上君王的權力與三寶的尊崇相衝突。加上中國的地理、氣候及風俗習慣，也跟恆河流域的印度不同，例如父母反拜出家的子女，沙門不敬權貴的君王，都在中國佛教史上產生過持久爭執的問題。又如印度的出家沙門，不事農工、不經商，全賴沿門托缽以維持生活，到了中國，若非仰給於官府，便得違背戒律的規定，自耕、自炊、自食其力；在印度的僧團，無須恆產，僧眾個人不持金錢，而中國寺院，便不得不有寺產，以利耕作，僧人出門，亦不能不備路資，以供交通、衣食、醫藥等所需。在印度熱帶地區，沙門三衣一缽隨身，即可度其修行生活，若有多餘，便是長物，為免增長貪欲，依律必須捨給大眾僧；然在中國，三衣僅是用作威儀的象徵，更多的俗服，倒是平時的必需。

另以授受比丘尼戒而言，依律須有比丘眾及比丘尼眾各十人僧，在男女二部僧中做羯磨；比丘尼犯僧殘，亦須有男女各十人僧中出罪，方得算是合乎律制，可是，中國的比丘尼戒，未見有二部僧中授的紀錄。以致今日南傳佛教國家以及西藏佛教，雖因早已失去比丘尼戒的傳承，希望到臺灣或中國大陸將比丘尼戒傳承回去，卻存懷疑心態而遲遲未願實施。若以實際的需要而言，能有讓女性出家修道的權利，總比把女性出家之門永遠關起來的好。

四

佛教傳到日本，在其奈良時代，由於中國的道宣律師的第三傳鑑真和尚，東渡設立戒壇院，傳出家戒及菩薩戒；到了最澄遊學中國，返回日本之後，為了反對舊傳佛教派系的控制，所以公開宣布捨比丘戒而另設出家菩薩的受戒規制。若依聲聞律儀，根本未見有所謂「出家菩薩僧」的名目。然後經過親鸞，自稱「禿愚」，以在家身創立淨土真宗，開始了居士領導教團，並主持各項儀式，包括接受信眾皈依佛教。到了日蓮，便提出「末法無戒論」的呼聲。迄於距今一百年前，明治維新，滅佛教，崇神道，而有「神佛合習」運動，強制僧人住於神宮，鼓勵僧人帶妻食肉，便形成了今日日本佛教的現況：以住於寺院的居士，執行出家沙門的任務。此雖有違佛制的聲聞律儀，卻也維繫了弘傳佛法的使命；尤其是禪宗的日僧，雖係有妻有子的在家人，上殿過堂，儀式之際，他們依然披著被稱為「福田衣」的袈裟，雖與戒律不合，卻是既成的事實。

五

另在印度佛教入西藏，分為前後兩期，前期的寂護（Śanta-rakṣita）與蓮華生（Padma-saṃbhava），後期的阿底峽（Atiśa）等，都是來自印度的大師。其中的蓮華生，據稱是一位神通顯赫而又有可僧可俗等多樣身分的人物。後來由藏地去印度求法的大翻譯師，如密勒日巴的師父馬爾巴，乃是一位居士身的大成就者。因此，藏傳佛教的源頭，雖同出於印度，傳承的上師卻枝繁葉茂，而且有僧有俗，各自建立宗派門戶，尤其祕密金剛乘的信仰中心，是以大成就者的上師為主，通過上師始能修成與上師所依的本尊相應，因此，在聲聞律儀，佛教徒的皈依處是佛、法、僧三寶，密乘的佛教則依上師為第一皈依處，說得謙虛一些，也當有四皈依：上師、佛、法、僧。上師未必是比丘，而一般比丘，為了尊法崇教，對於所依上師，不論僧俗，也當無條件皈依、禮敬、供養。此從佛世的聲聞律儀中也找不到根據。更有甚者，密乘的大樂、勝樂等的修持與實踐，尤跟聲聞律儀的少欲、離欲不能相應。但是藏傳佛教，仍是大乘佛教的一大支派，所以到了宗喀巴的時代，又返回到素樸與梵行的觀點，主張聲聞律儀是大乘菩薩律儀的基礎，也是祕密金剛乘律儀的共軌。可知藏傳佛教的戒律觀念，乃是因人、因時、因地而變，然其除了已受法王認定的大成就者，仍以出家的比丘，更被大眾尊敬。

六

至於南傳巴利語系的上座部佛教，由於錫蘭、緬甸、泰國、寮國、柬埔寨等國家地區，沒有原來的本地文化，也未受到外來文化的影響，所以佛教傳入之後，歷兩千兩百年，仍能保持著跟佛陀時代相去不遠的生活型態。不過，近世以還，由於歐美勢力的影響以及社會制度和社會結構的丕變，也為該一地區的戒律問題，帶來了困擾，比如依律出家的沙彌便不得自執金銀貨幣，如今的比丘，遠出旅行，除非帶一位經理的侍者同行，便不得不自身帶錢；又如律制比丘必須托缽，但當緬甸政府推行社會主義之後，在家人的齋僧供僧，便急速銳減；比丘旅行到了非佛教的國家，也得用錢購取飲食。比丘不得接觸女性肌膚乃至衣裙，然到歐美旅行，除非乘坐自備的交通工具，除非逢人即說：「我不能跟異性握手。」否則難以避免，也頗失禮。特別是在女權運動氣氛高漲的今天，南傳佛教不許女性出家為比丘尼的事實，也為世界佛教的知識分子之間，帶來了愈談愈熱的話題。

七

佛教的戒律基礎，也可稱為基本的倫理觀念，若從信仰生活的中心而言，即是皈依佛、法、僧的三寶，從社會生活的實踐面而言，即是不得殺生、偷盜、邪淫、妄語、飲酒的五戒；將此向內心做起，便是戒除貪欲、瞋恚、邪見的三毒。概括而言，即成十善業道而分作三組，稱為三業清淨，即能達成淨化自心、淨化社會的目的：1.身業清淨者，不殺生、不偷盜、不邪淫；2.口業清淨者，不妄語、不綺語、不兩舌、不惡口；3.意業清淨者，不貪欲、不瞋恚、不邪見。

十善之中已收五戒的前四項，並將第五項的飲酒戒遺漏，所以發生過《未曾有因緣經》中的祇陀王子，寧捨五戒而願受十善的故事。

十善中的後三項，是從皈依三寶，始知貪欲、瞋恚、邪見，乃是煩惱的根源。可見，佛法的化世功能，即在教人如何依據三皈、五戒、十善，來清淨三業，自利利人。

八

可是，流傳於今日世界的佛教戒律，我們已知道，遇到了許多問題，若不加以釐清，將會有礙於佛法的推廣。現在再舉三例：

（一）今日人類的社交頻繁並顯得相當重要，對於不飲酒，則頗有指責，因此有人將烈酒認定是酒，其他如啤酒、米酒、水果酒等，只當作一般飲料，依律能否解釋得通？

（二）對於邪淫的界定，原來是指在已婚夫婦以外的男女性關係，如今的單身男女，未有法律上的婚姻，卻是生活在一起，長相廝守，形同夫妻，也算邪淫嗎？他們彼此相悅，又不妨害家庭和社會，罪在何處？但其沒有約束，隨時可以分離，缺少相互的保障，也是一種不安定的現象；然在離婚率極高的現代世界，法定的婚姻，也不等於安定的保障，何必一定要把男女同居，視為邪淫？

（三）愈來愈多新興的在家佛教團體，於世界各地紛紛建立，無視於比丘僧團的地位，我們是否承認他們也是合乎戒律的僧團？

九

總之，我想指出：佛教的傳統戒律到了今日世界，雖已面臨種種需要省思改進的問題，然其可以設法補救，卻不可輕言廢棄。因為聲聞律儀的目的，在於淨化身、口、意三業，以少欲、無瞋、正見，主導身、口二業的一切行為；身、口二業的行為，在戒律的軌範之下，防止一切惡律儀行。所以，五部聲聞律儀之中，處處可見佛陀對於「少欲、知足、行頭陀（去其衣食住處的貪欲者）、樂學戒、知慚愧者」的讚歎。戒的功能在清淨與精進；律的作用在和樂與無諍。這不正是我們今日世界每一個家庭及社會所需要的嗎？如再加上大乘菩薩的「三聚淨戒」：止一切惡，修一切善，利益一切眾生。以無染的智慧，消融貪、瞋等煩惱；以清淨的戒行，導正社會的風氣，以平等的慈悲，接納一切眾生；在眾生群中成就菩提心，也助眾生發起菩提心。戒律對佛法的化世，絕對是必要的，所以佛有明訓，唯有「嚴淨毘尼」，始能使得「正法住世」。

若言今日世界的佛教徒們，不需戒律的約束，雖可製造「自由自在」的假印象，卻會為佛教慧命的存續帶來真危機。例如一九八四及八五年時，日本系統的美國佛教界，幾乎到處鬧著禪師的緋聞，好幾位「老師」，從此消聲匿跡，有幾位「老師」，雖厚起臉皮撐了下來，但已使佛教受到了極大的傷害。另於一九九〇年時，有一位西藏大喇嘛的繼承人，因同性戀而死於愛滋病，便使該一曾在美國擁有一百數十個中心的團體，土崩瓦解。此皆是不重視基本戒律的後果，不可不慎也。

（一九九二年七月十八日於中華佛學研究所召開的第二屆國際學術會議的主題演說）

從三聚淨戒論菩薩戒的時空適應

一、佛戒的起源

戒的定義，在消極方面是不許做，積極方面是必須做。因此它有規約及法令的涵義。故在原始聖典中，被稱為「律法」。在大乘聖典中，菩薩戒的涵義可與菩提心、悲願、弘誓相通。

善男信女，若要成為佛教徒，起碼的條件，是先得發心盡形壽皈依三寶，名為淨信三皈優婆塞或優婆夷。這是為了自願建立佛教徒身分，必得信仰佛、法、僧三寶，奉事三寶，修學佛法。進一步則加受不殺生、不偷盜、不邪淫、不妄語、不飲酒的五戒，完成佛教徒的生活軌範和道德行為的標準。可知三皈雖未以戒命名，確有戒的實質內容。

通常認為三皈五戒僅為個人自修身心，自求自利，自得解脫，其實，從原始聖典的《雜阿含經》卷三十三第九二九經，即有利他的明訓：做為一個三皈優婆塞，必須有信、有戒、聽法布施。並說了八安慰法及十六法，用來自安安他❶，便是自利利他的大乘精神。

由於佛教徒的身分，有在家、出家，他們必須遵守的生活軌範，也就有其差別。不過，最初的在家弟子，僅有三皈；最初的出家弟子如五比丘，也沒有比丘戒的條文。然而五戒本為一般人的道德行為，為了在家弟子的生活行為有所約束，故於後來要求皈依三寶的人，也該受持五戒。在出家的僧團中，由於分子漸多漸雜，也必須用戒條約束，故有制戒的必要，直到世尊涅槃時為止，尚在制戒及修訂再修訂中。但是，出家僧團有男有女，有大有小，於是分別制成了由小而大、男女有別的出家戒。又有許多在家弟子，雖不能出家，卻希望有分日受持出家戒的機會，以種解脫因緣的善根，而有八關齋戒的制定。因此有了在家、出家的七眾戒別：在家的男女二眾，有三皈、五戒、八戒；出家的男女小眾，有十戒、六法；男女大眾有比丘戒、比丘尼戒。所謂在家二眾，即是優婆塞、優婆夷，均可受持三皈、五戒、八戒。出家的小眾是沙彌及沙彌尼，均受十戒，以及式叉摩尼受六法；比丘戒及比丘尼戒，個別受持二百五十戒、五百戒。

在世尊之世，所教的任何一法，有其自利功能，也必有其利他功能，然於世尊涅槃之後，特別是部派佛教時代，佛教在學問方面重視學究式的組織及論辯，在實踐方面傾向於形式的、消極的自我解脫，漸漸脫離了對於現實社會的啟導及苦難眾生的救濟。

事實上，佛陀為僧眾制戒，乃是應時應地而做適當的規定，例如《五分律》卷二十二，佛陀曾說：「雖是我所制，而於餘方不以為清淨者，皆不應用；雖非我所制，而於餘方必應行者，皆不得不行。」❷此在戒律史上被稱為「隨方毘尼」，也就是由於地域的不同，比丘應當以尊重當地的風俗習慣及法律為原則。

又在世尊入滅之前，於《長阿含經》卷四《遊行經》第二後中，一方面再三叮嚀，弟子們應當以佛所說的經戒做依怙，一方面聲明持戒的尺度是從嚴要求，從寬處理。例如規定不得與未受誨的女人相見，萬一相見了也勿與談話，萬一說了話，便自檢心。並且告知阿難尊者：「自今日始，聽諸比丘，捨小小戒。」❸所謂「小小戒」，在《毘尼母經》卷三又名「微細戒」，那是在佛滅之後結集三藏的大會上，阿難稟告摩訶迦葉，說他親從如來聞如是語：「吾滅度後，應集眾僧，捨微細戒。」可惜阿難忘了問佛，佛所制戒，究竟哪些算是微細戒。結果摩訶迦葉請大眾做決定，有人說除「殺、盜、淫、妄」的四根本戒之外，其餘皆屬微細戒，乃至有人說除了九十條威儀戒之外，才算微細戒。眾說紛紜，莫衷一是，最後始由摩訶迦葉做結論說：「汝等所說，皆未與微細戒合。隨佛所說，當奉行之，佛不說者，此莫說也。」❹

由於保守的上座比丘們，將佛制的律法變成具文的教條形式，便疏忽了佛法的目的是在於空慧的體證。但是，實踐的佛法又不能不以戒的精神來做為行為的規範，例如原始聖典中說，弟子們由四不壞淨，亦名四不壞信（佛、法、僧、戒），始得不墮三惡道中❺。又說依四不壞淨修習六念（佛、法、僧、戒、施、天），以及聖弟子們由於具足了戒、定、慧、解脫、解脫知見等五法，所以堪受世間供養。❻

可知，持戒而落於形式化，固非佛法化世的本旨，如說廢棄戒律來修證佛法，也非佛法的正見。故到初期大乘的《般若經》，即不談戒相條目，而側重於法的實踐實證，一方面以空觀而實證空義，同時也以所學所證勸化他人，此種教說，在《雜阿含經》中也屢見不鮮。此在大乘經中，便被稱為菩薩道的行者。著眼於內心的實證，乃把持戒的精神，先從內心扎根，其中基本的要求便是落實於「空」的理念。後來的人所說，聲聞戒重於身、口的行為，菩薩戒尤重於心意的行為，原因即在於此。例如《小品般若經》卷八〈無慳煩惱品〉，謂若菩薩學習般若波羅蜜多，則不應生起煩惱心、慳心、破戒心、瞋惱心、懈怠心、散亂心、愚癡心。又說：「菩薩學般若波羅蜜時，皆攝諸波羅蜜。」❼這是說，菩薩道重於智慧，智慧屬於心的功能，若求智慧，先除七種心，雖在七種心之中，特別舉出破戒心，破戒以心為重。事實上，既是明言不應生起七種心，七種心的任何一種，無一不具有菩薩戒的作用了。

註解

❶《大正藏》二．二三七頁上。

❷《大正藏》二十二．一五三頁上。

❸《大正藏》一．二十六頁上。

❹（一）《大正藏》二十四．八一八頁中。

（二）有關微細戒或小小戒的問題，聖嚴曾寫過一篇短文，稍有考察，現收於《律制生活》的

〈什麼叫作小小戒？〉。

❺（一）《雜阿含經》卷三十第八三六經云：「汝當為說四不壞淨，令入令住，何等為四？於佛不壞淨、於法不壞淨、於僧不壞淨、於聖戒成就。」又云：「諸比丘當作是學，我當成就於佛不壞淨、法僧不壞淨、聖戒成就。亦當建立，餘人令成就。」（《大正藏》二．二一四頁中）

（二）《菩薩瓔珞本業經》卷下〈集散品〉有云：「次第為授四歸法，歸佛歸法歸僧歸戒，得四不壞信心故。」（《大正藏》二十四．一〇二二頁下）

❻《雜阿含經》卷二十第五五四經，例舉四不壞淨、六念、及五法，並強調戒的功德及持戒的必要云：「念戒功德，自持正戒，不毀、不缺、不斷、不壞。」（《大正藏》二．一四五頁中—下）

❼《大正藏》八．五七四頁中。

二、菩薩戒的重點及其人間性

戒的定義既是應做的必須做，不應做的不得做，則不論是否以「戒」為名，凡是聖典中提及菩薩「應行」、菩薩「不應行」的，均當視作菩薩戒的內容。例如

《小品般若經》卷六〈大如品〉的末段有云：

「舍利弗白佛言：世尊，若菩薩欲成就阿耨多羅三藐三菩提，應云何行？佛言：於一切眾生，應行等心、慈心、不異心、謙下心、安隱心、不瞋心、不惱心、不戲弄心、父母心、兄弟心與共語言。」❶

大乘菩薩戒的精神，首重發無上菩提心，菩提心的重點在於利濟眾生，故對菩薩的要求，不僅不應自惱惱人，更進一步，凡對於任一眾生均應生起利濟之心。若不如此，即與菩薩所發的無上菩提心相違。但其雖然如此，仍須與空慧相應，故在《大品般若經》卷二十三〈六喻品〉中說，菩薩「能具足無相尸羅波羅蜜具足戒，不缺、不破、不雜、不著」。因為持戒目的，不為人天福報，不為二乘聖果，乃為入菩薩位，供養諸佛，成就眾生❷。此處所云具足戒，不是指的比丘、比丘尼戒，而是菩薩應當具足無相戒，所謂無相是指無我相、無人相、無眾生相、無壽者相，於此四相，不缺、不破、不雜、不著，便是具足戒。同品又云：「能具足尸羅波羅蜜，已攝一切善法。」❸何謂一切善法？同品的說明，是指四念處、四正勤、四如意足、五根、五力、七覺分、八聖道分、四禪、四無量心、四無色定、八背捨、九次第定、佛十力、四無所畏、四無礙智、十八不共法❹。從以上所舉《般若經》的菩薩戒內容來看，實已具備了三聚淨戒的架構，那就是：1.利益諸眾生，2.具足無相戒，3.修習眾善法。因為大乘菩薩戒的基本精神是求無上菩提，範圍極廣，而以利益眾生為重，故於《大般若經》卷五八四第十二會〈淨戒波羅蜜多分之一〉說：「若諸菩薩，捨本（發無上菩提心）誓願，應知是為菩薩犯戒。」[5]又說：「若諸菩薩雖處居家而受三皈，深信三寶，迴向無上正等菩提，是諸菩薩，雖復受用五欲樂具，而於菩薩所行淨戒波羅蜜多，常不遠離，亦名真實持淨戒者。」又說：「若諸菩薩雖復出家受持淨戒而不迴向無上菩提，是諸菩薩定不成就菩薩淨戒。」[6]從這三段話可以明白，菩薩捨無上菩提心者，便是犯戒，雖持一切別解脫戒，而不迴向無上菩提心者，皆不名為受持菩薩淨戒。

到了《法華經》卷四〈法師品〉說，佛為教化成就菩薩，開示《法華經》；如來滅後，欲為四眾廣說這部《法華經》，應當告訴他們：「是善男子善女人，入如來室，著如來衣，坐如來座。」接著解釋：「如來室者，一切眾生中，大慈悲心是；如來衣者，柔和忍辱心是；如來座者，一切法空是。安住是中，然後以不懈怠心，為諸菩薩及四眾廣說是《法華經》。」[7]如來室、如來衣、如來座，即是大慈悲心、柔和忍辱心、一切法空。此被後人稱為「三軌戒」，這三條律則之中，是以1.無相的空觀為基礎，2.無上菩提的大悲心為原則，3.柔忍修善法為根本。也可以說，這是《法華經》的「三聚淨戒」，只是著重於菩薩化世精神，故未列入律法中的七眾律儀戒。可是，菩薩行者若無身、口二業的行為準則，也是不妥當的，故在《法華經》卷五〈安樂行品〉便說到，菩薩除了住忍辱地，不暴不驚，觀諸法實相而不分別之外，也不宜親近國王、王子、大臣、官長，不親近外道梵志，不造世俗文筆讚詠外書，不畜豬羊雞狗，若入他人家中，不與小女、處女、寡女共語[8]。其實這些規定是為出家菩薩而說，其中若干規定，即是比丘戒的內容。《法華經》為了不使出家菩薩矯枉過正，僅重視大乘的空觀及菩提心，故以身、口、意、誓的四安樂行來匡正，以示不得廢棄出家律儀。

另對在家菩薩，亦不得僅僅重視內在的發菩提心及空觀的體驗，而忽略了僧俗之間的倫理關係，此如《仁王般若經》卷下〈囑累品〉，即有明文要求：凡為國主者，不得制作法律，令出家弟子不許出家修行正道，不准造佛塔像，也不得白衣高座而比丘地立。囑咐國王及諸王子百官，護持三寶，否則王者信佛，而反毀三寶，便如獅子身中蟲，自食獅子肉，災禍即會降臨了[9]。

在華嚴系統的《十住經》卷一〈離垢地〉第二，則具體地主張修十善道。當時金剛藏菩薩對解脫月菩薩說：菩薩欲住第二離垢地者，1.當離一切殺生，常起慈悲心；2.離諸劫盜，常自滿足；3.離於邪淫，自足妻室；4.離於妄語，常真語實語；5.離於兩舌，無破壞心；6.離於惡口，和柔具足；7.離於綺語，常知時語實語；8.不貪他物，不作是念我當取之；9.離於瞋害心、嫌恨心、迫熱心等，常於眾生求好事心、愛潤心、利益心、慈悲心；10.離於占相，習行正見，決定深信罪福因緣，離於諂曲，誠信三寶⑩。

十善道法又名十善戒，是通於大、小乘的別解脫戒，一般說，五戒十善是人天果報的善法，然於大乘菩薩的立場看十善戒，不獨是消極地不做十惡，更當要修十善。例如不殺眾生，且當常於眾生起慈悲心，便是菩薩戒的精神了。在《十住經》中所舉十善戒的每一戒，都賦有積極利生的意義。考察此處十善戒的內容，身三、口四的前七條戒目與通常的相同；八、九、十的三條，屬於心意行為，也相同，只是其內容更為繁複。足見菩薩十善，固重於身、口的行為，尤重於心意的行為，並且特別標明行十善者，當「習行正見」和「誠信三寶」。故此又回到《阿含經》所示的四不壞淨的原點上去了。那就是菩薩首應具足正見，皈敬三寶，成就聖戒。從在家菩薩的立場看十善戒，實已涵蓋了菩薩三聚淨戒的內容，因其十條戒目之中，有的每條皆具三聚功能，有的具一或二，所以若能十善具足，律儀、善法、利生的三聚淨戒，也同時具足。無怪乎龍樹菩薩的《大智度論》卷四十六說，十善是總相戒，其餘無量戒為別相戒⓫。

十善戒是為在家菩薩而設，若與殺、盜、邪淫、妄語、飲酒的五戒比較，少了一條飲酒戒而多了三條心意戒。飲酒本身不是罪惡，只是為了防止由於飲酒而可能促成前面四戒的犯行，所以在家佛子不許飲酒。可是在《未曾有因緣經》卷下，記載了一樁趣事：祇陀太子先受五戒，後聞十善，便向世尊要求，准許他捨去先受的五戒，改受十善。原因是五戒中的飲酒戒難持，他有許多豪客，常常帶著酒食，與他共相娛樂，不過他未因飲酒造惡，相反地「得酒念戒」，所以雖有歡樂而未放逸。世尊聽了，不僅未予訶責，反而稱道：「善哉善哉，祇陀！汝今已得智慧方便，若世間人，能如汝者，終身飲酒，有何惡哉。如是行者，乃應生福，無有罪也。……若人飲酒，不起惡業，歡喜心故，不起煩惱；善心因緣，受善果報。汝持五戒，何有失乎。」⓬這段經文，並不表示五戒可以去掉一戒，而是說，若能「得酒念戒」，不起惡業，心生歡喜者，仍未破戒。結果祇陀太子未捨五戒，而增受十善。

可是十善戒也非容易受持，特別是菩薩所重的三條心戒。此在《未曾有因緣經》卷上，記載世尊的生父閱頭檀王請示佛陀：「十善行法，心道三法，難得護持，當云何受，令不漏失？」佛也同意此說，故不要求，經常保持三條心戒清淨，立即宣說了三時持戒法：「從晨至食，名為上時；經一食頃，名為中時；行百步時，名為下時。」⓭受了十善戒的人，若能經常不犯三條心戒，已是大解脫者，一般凡夫，但求隨力守持，若從早晨至午餐的階段，心意保持清淨而與菩薩道相應者名為上時持戒；一頓飯工夫，保持清淨者名為中時持戒；乃至僅於行走百步的短時間內，保持三條心戒清淨，名為下時持戒。

從《未曾有因緣經》所載的以上兩例，可以證明菩薩戒持戒標準，極富於人間性。不像七眾律儀戒那樣，被結集者規定得動彈不得，以致形成戒律精神的僵化，無法伸縮自如，失去了因應時地變遷的潛力。

註解

❶《大正藏》八．五六三頁下。

❷《大正藏》八．三九〇頁中。

❸《大正藏》八．三九〇頁下。

❹《大正藏》八．三九一頁上。

❺《大正藏》七．一〇一九頁下。

❻《大正藏》七．一〇二〇頁上。

❼《大正藏》九．三十一頁下。

❽《大正藏》九．三十七頁上—中。

❾《大正藏》八．八四四頁中。

❿《大正藏》十．五〇四頁中—下。

⓫《大智度論》卷四十六〈釋摩訶衍品〉有云：「十善為總相戒，別相有無量戒。」又說：「說十善道，則攝一切戒。」（《大正藏》二十五．三九五頁中）

⓬《大正藏》十七．五八五頁上—中。

⓭《大正藏》十七．五八一頁上。

三、由約而繁的菩薩戒

根據日本學者大野法道所著《大乘戒經の研究》❶，條列出經錄所選與大乘戒經相關的聖典，範圍相當廣泛，共有八十六部❷，以系統來分類，則有《大般若經》、《遺日摩尼寶經》、《維摩經》、《法華經》、《華嚴經》、《無量壽經》、《菩薩地持經》（略稱《地持經》）、《阿含經》、《大般涅槃經》、《梵網經》、《大集經》、《大寶積經》、密教經典，以及單獨的經典等共有十四個系統以上。

另一位日本學者土橋秀高所著《戒律の研究》❸第五章第四節中，討論到菩薩戒的略系說，強調提獎菩薩戒的經典是《大般涅槃經》卷六〈如來性品〉；菩薩戒之有獨自的戒相條目者，仍為《菩薩地持經》卷五，提出三聚淨戒以及在家、出家應受四重四十三輕的戒相條文；又有《優婆塞戒經》提出六重二十八失意罪的在家菩薩戒相；《梵網經》則提出十波羅夷四十八輕，強調在家菩薩道，也主張實踐出世間法的菩薩道❹。

駒澤大學佐藤達玄教授所著《中國佛教における戒律の研究》❺第十一章第三

節，介紹菩薩戒的流布說，首由曇無讖（西元三八五—四三三年）譯出《大般涅槃經》、《地持經》、《菩薩戒本》、《優婆塞戒經》，大力弘通菩薩戒，同時指出境野黃洋著《支那佛教史講話》告訴我們：《菩薩瓔珞本業經》（略稱《瓔珞經》）、《梵網經》、《地持經》，是大乘戒經中的三大聖典[6]。

事實上，大乘戒經的確很多，經過整合演變，便匯集成為主要的幾部經了。菩薩戒的訴求，原先是為擺脫律儀戒的呆板束縛，所以重視實質的化世力量、重視無上菩提心的開發，以及滌除心垢即是解脫，即是空慧的體驗，即是佛法化世的目的。例如《維摩經．弟子品》云：「心垢故，眾生垢，心淨故，眾生淨。」若知心不在內、外、中間，罪垢即除[7]，所以也無須斤斤計較於戒律條文問題。從大乘菩薩的立場看，戒律的目的是為了解脫，而將條文的戒相稱為別解脫戒，所以《清淨毘尼方廣經》要說：「毘尼毘尼者，調伏煩惱，為知煩惱，故名毘尼。」又說：「煩惱不起，是畢竟毘尼。」毘尼的漢譯是律，律的作用是知煩惱、伏煩惱，若能直下不起煩惱，當然是最好的律了。若將聲聞律與菩薩律相比，則「菩薩毘尼猶如大海，所有毘尼無不納受」[8]。也就是說，只要能伏煩惱，能發阿耨多羅三藐三菩提心，便是攝盡一切毘尼的最上毘尼了。

可是，對於凡夫而言，心垢不易清除，心戒不易恆持，煩惱時時生起，放逸的行為也常常發生，僅靠發菩提心是無法獲大利益的。所以佛在《長阿含經》卷四《遊行經》第二中做最後的教誡之時，要說：「是故比丘，無為放逸，我以不放逸故，自致正覺。無量眾善，亦由不放逸得。」[9]如何能不放逸？必須「依經、依律、依法」[10]。對於不放逸的方法，最好還是持戒，故有偈云：「念無放逸，比丘戒具。」[11]到了《大般泥洹經》的〈分別邪正品〉，便要求佛子「戒無麁細，當堅固持」。初期大乘戒是由繁而約，結果發現了徒托空言，不切實際，故又主張凡是戒律，從根本戒至微細戒，均宜堅固持守[12]。如此嚴格的要求，正好又回復到佛陀入滅不久結集律藏之時，摩訶迦葉所持的觀點。從此而再引申出幾種菩薩戒經，經過長時間的取捨斟酌，分別條列出了孰重孰輕的菩薩戒相。

類此的軌跡，在中國的禪宗，也相當接近。初期的禪宗祖師們，依據《般若經》的空義及《維摩經》的「一切眾生心相無垢」[13]義，但求此心無相、無著，便與至道相應相合，不須另設戒相律儀。例如菩提達摩說：「達解三空，不倚不著，但為去垢，稱化眾生，而不取相。此為自行，復能利他，亦能莊嚴菩提之道。」[14]在《六祖壇經》的〈懺悔品〉中，說到關於戒的有三點：

（一）「來諸善知識，此事須從自事（宜為「性」）中起，於一切時，念念自淨其心，自修、自行、見自己法身，見自心佛，自度、自戒始得。」⓯

（二）「戒香，即自心中無非、無惡、無嫉妬、無貪瞋、無劫害，名戒香。」⓰

（三）「善知識，既懺悔已，與善知識，發四弘誓願。……今發四弘願了，更與善知識授無相三皈依戒。善知識，皈依覺，兩足尊；皈依正，離欲尊；皈依淨，眾中尊。」⓱

此上三點之中的前二點，很明顯地指出，自心清淨即是持戒。第三點是無相戒授戒法，於懺悔發願後，接著受三皈依，稱為覺、正、淨，跟一般以佛、法、僧為三寶的用字也不相同，而且明言是「自皈依」，「皈依自性三寶」⓲。可見此與律法中的戒相，涵義迥異。

到了六祖惠能（西元六三八—七一三年）下的第四代百丈懷海（西元七二〇—八一四年），創叢林制度，以清規取代大、小乘戒律，而稱：「吾所宗，非局大小乘、非異大小乘，當博約折中，設於制範，務其宜也。」⓳中國禪宗一開始便不是依律而住，依律而行，倒是掌握了佛法的命脈，心淨即是持戒。至於日常生活的應對作息，雖不刻板地如律持戒，卻也不會放逸亂行，相反地是在活學活用之間，表現出簡樸精勤、威儀齊整，所以是恰到好處地適應了時空的情況。

可是在此下的兩百年之後，北宋末葉的長蘆寺宗賾，於徽宗崇寧二年（西元一一〇三年）編成《禪苑清規》，自序中慨歎地說：「噫！少林消息，已是剜肉成瘡；百丈規繩，可謂新條特地。而況叢林蔓衍，轉見不堪。」可知當時的禪林情況，已相當堪虞，菩提達摩的教示及百丈的清規，已無濟於事。所以宗賾才編成此書，期其功能「猶菩薩三聚，聲聞七篇」，他的目的不在「立法貴繁」，乃為「隨機設教」[20]。由此而使禪林芳規，從無而有，自約而繁，都是為了因時因地的隨機教化。且於《禪苑清規》的開卷第一、第二項目，便是「受戒」與「護戒」。在「受戒」項下有云：「像佛形儀，具佛戒律，得佛受用。」這是說比丘當學佛的威儀為榜樣，當以具足佛制的戒律為任務，獲得佛的心法為受用。因此要主張：「既受聲聞戒，應受菩薩戒，此入法之漸也。」這已不是《六祖壇經》所示的僅受無相三皈依戒，而是規定要受聲聞七篇及菩薩三聚了，並且於受戒之後，「寧有法死，不無法生」。主張持戒清淨，始得佛法現前。[21]

再看東鄰的日本禪宗，當榮西禪師（西元一一四一——一二一五年）曾於西元一一六八年及一一九一年間來華遊學，將中國禪宗的臨濟派傳回日本後，曾撰《興禪護國論》三卷，極力提倡戒律，他主張：「其佛法以持戒為先。」[22]並說：「戒律是令法久住之法也。今此禪宗，以戒律為宗。」[23]他表明是受了《禪苑清規》的影響[24]，所以禪戒並重。

稍後，當日本的道元禪師（西元一二〇〇—一二五三年）於西元一二二三年來華，在天童如淨座下，傳承了曹洞宗的禪法東歸之後，雖然中國禪林對於戒律觀念並未改變，道元則自創其新的《正法眼藏》受戒儀，簡化其內容，僅為：三皈、三聚淨戒、十重禁戒等十六條。從其〈教授戒文〉的說明來看，道元的三皈是取自《六祖壇經》的精神，他用了三聚淨戒及《梵網經》的十重戒，但也另有他自己的解釋[25]，擺脫了原有的沉重感，可能因為道元入宋，距離《禪苑清規》的撰成，已有一百二十年，使道元發現當時的中國禪林，根本未能照著比丘戒的七篇及《梵網經》的十重四十八輕那樣的要求做到，與其做不到，不如不要受。但是，學佛修禪而不依佛戒，也會有大問題，因此而自行建立了共計僅有十六條的菩薩戒。

這種由約而繁，由繁而約的菩薩戒演變情況，也曾發生於西藏系的佛教史上。西元六三〇年代玄奘三藏留學印度時，有一位中觀學派的大師月稱

（Candrakīrit），正好在那爛陀寺擔任教席，他有一部《入中論》（*Madhyamakāvatāra*）[26]，論說菩薩的十地行果，於「第二離垢地」項下，介紹持戒、護戒、犯戒，僅說十善業道而未及其他戒相條文，尤其著重於破除我執及二邊見。茲錄其頌文兩則如左：

「身語意行咸清淨，十善業道皆能集，如是十種善業道，此地增勝最清淨。」

「若彼淨戒執有我，則彼尸羅不清淨，故彼恆於三輪中，二邊心行皆遠離。」[27]

另有一位大約活動於西元第七世紀末葉，對印度佛教中觀及瑜伽均有深入研究的學者寂天（Śāntideva）著有一部《入菩薩行》（*Bodhisattva-cary-avatara*），在其第五品〈護正知〉的第三項，名為「以正念正知護心」，它的內容是三聚淨戒：1.學律儀戒、2.學攝善法戒、3.學饒益有情戒。律儀戒的內容是觀察身、口及心的三門清淨。如何持戒清淨？並未列具戒相條目，但云：「若身欲移動，或口欲出言，應先觀己心，安穩如理行。」又說：「吾意正生貪，或欲瞋恨時，言行應暫止，如樹安穩住。」[28]其中倒是也有護戒及開遮的訓示，對於開例，則說：「危難喜慶時，心散亦應安，經說行施時，可捨微細戒。」[29]開遮的例子在比丘律中已有，到了《瑜伽師地論》（略稱《瑜伽論》）本地分的〈菩薩地〉，也有說到若因懈怠、懶惰、無記心、忘誤，乃至發狂、重病、亂心，雖與律儀相違，也不算染汙犯戒，尤其是屬於威儀習氣的微細戒，縱然犯了，只要知道是錯誤，心裡也當安然。這樣遵守戒條原則而不強調枝末細節的精神，實即是中觀學派的風範。

然於西元一〇四二年從印度到西藏弘法的阿底峽（Atiśa）撰有一部《菩提道燈難處釋》（*Byang Chublam Ǵyi Sgror Máidka Ǵrel*）㉚全書一共十章，竟以兩章來討論戒律，其第五章為〈別解脫律儀〉，第六章為〈菩薩律儀〉。他主張：「恆具餘七種，別解脫戒者，乃有菩薩戒，善根非餘有。」這是說，先受七種聲聞律儀的別解脫戒，才能增受菩薩戒律儀。而在七眾之中，又以比丘律儀最為殊勝㉛。至於菩薩戒律儀，並非如寂天那樣地僅舉三聚淨戒，乃是明白地指出：「當以菩薩地，戒品所說軌，從具德相師，受菩薩律儀。」㉜是依《地持經》的四重四十三輕的條文戒相，且須依從具有道德好相的戒師授，不得以自誓受的方式得菩薩戒。此已說明菩薩戒又由約而繁了。

到了西元十五世紀初葉，西藏佛教史上出了一位大改革家宗喀巴（Tson-Kha-Pa），他是在西藏僧侶的道德生活墮落到了谷底時代，一位復興佛教的大師。由於藏傳密教是晚期的印度大乘佛教，吸收了大量印度教性力派的觀念和修法，將破戒的行為稱為無上瑜伽，將捨除一切淨戒律儀稱為大圓滿，清淨三業的律儀生活蕩然無存，因此而有宗喀巴起來全力推動重振比丘律儀。當他疏釋月稱的《入中論》時，於其「第二離垢地」項下，主張：「非但不犯根本罪及性罪，即一切違越佛制之輕罪，亦皆遠離也。」[33]又因為《入中論》原典所舉的菩薩律儀是十善道，故宗喀巴云：「且以依十善所制之戒為例，當知即是總說一切戒律。」[34]可知宗喀巴為了強調七眾律儀戒的重要，而以《大智度論》的角度，將十善說為一切戒律的總綱，尤其連一切佛制的微細律儀，均應遵守。他是繼承阿底峽的戒律思想，做更進一步地嚴格要求。在他所著《菩提道次第廣論》（*Lam Rim Chen Po*）之中[35]，幾乎處處提獎七眾律儀，而且要求得極其懇切。該書將律儀分作三等的三類：1.最勝別解脫律儀，2.菩薩律儀，3.金剛乘律儀[36]，他說「自須先生清淨戒力」[37]，並謂：「護尸羅（戒）非唯為自怖畏惡趣，及唯希望人天盛事，當為安立一切有情於妙尸羅。」[38]他依〈菩薩地〉主張以七眾別解脫律儀而住菩薩律儀，所以特別強調：「若執別解脫律是聲聞律，棄捨此律開遮等制，說另學餘菩薩學處，是未了知菩薩戒學所有扼要。以曾多次說，律儀戒是後二戒（菩薩戒及金剛乘戒）所依根本及依處故。」[39]

以上所舉是藏傳佛教在戒律方面由約而繁的資料。然到晚近以來，不論南傳、北傳、漢傳、藏傳，各系佛教由於時代環境的變遷，在戒律的持守方面，再度產生了問題。僅有日本佛教，從繁而約之後，未再由約而繁，他們所稱的「圓頓戒」[40]或「禪戒一如」[41]均與七眾律儀不相關涉。

註解

1. 東京山喜房佛書林，昭和二十九年三月三十日初版，昭和三十八年七月八日第五版發行。
2. 大野法道著《大乘戒經の研究》，十一—三十五頁。
3. 京都永田文昌堂，一九八〇年五月二十一日發行。
4. 土橋秀高著《戒律の研究》，九六九—九七〇頁。
5. 東京都木耳社，昭和六十一年十二月十五日第一刷發行。
6. 佐藤達玄著《中國佛教における戒律の研究》三一八—三二〇頁。
7. 《大正藏》十四．五四一頁中。

❽《清淨毘尼方廣經》的三項引文出自《大正藏》二十四．一〇七八頁上—中。

❾《大正藏》一．二十六頁中。

❿《長阿含經》卷三《遊行經》第二中，佛陀再三再四地告示弟子：「我依諸經、依律、依法。」（《大正藏》一．十七頁下—十八頁上）

⓫同上註十七頁上。

⓬六卷本的《大般泥洹經》卷四（《大正藏》十二．八八一頁下—八八二頁上）。策勉出家菩薩，當持比丘律儀，從四墮、十三僧殘、三十捨法、九十一墮法、眾多學法、四悔過法、二不定法、七滅諍法，均當嚴密受持。若有比丘作如是說：「如來在世，亦有比丘，受習五欲，得生天上，亦得解脫，古今有是，非我獨造。犯四墮法，乃至五戒，及諸一切不淨律儀，受非法物，皆得解脫。若作是說，越比尼罪。如忉利天日月歲數，八萬四千歲墮泥犁中。」又說：「越比尼罪，最為微細。若有比丘，犯此一一微細律儀，知而藏覆，如龜藏六，當知是輩，不可習近。」

⓭《大正藏》十四．五四一頁中。

⓮菩提達摩〈二入四行〉。（《大正藏》四十八．三七〇頁上）

⓯《大正藏》四十八．三五三頁下。

⓰《大正藏》四十八．三五三頁下。

⑰《大正藏》四十八‧三五四頁上。

⑱《大正藏》四十八‧三五四頁中。

⑲《景德傳燈錄》卷六「懷海條」。(《大正藏》五十一‧二五一頁上)

⑳臺灣新文豐影印本《卍續藏經》一一一冊‧八七五頁上。

㉑《禪苑清規》卷一「護戒」項下有云:「受戒之後,常應守護,寧有法死,不無法生。如小乘《四分律》四波羅夷、十三僧伽婆尸沙、二不定、三十尼薩耆、九十波逸提、四波羅提提舍尼、一百眾學、七滅諍。大乘《梵網經》十重四十八輕,並須讀誦通利,善知持犯開遮。」(《卍續藏》一一一冊‧八七七頁上—下)

㉒《興禪護國論》卷中。(《大正藏》八十‧八頁下)

㉓《興禪護國論》卷上。(《大正藏》八十‧七頁上)

㉔《興禪護國論》卷中云:「若無事戒,世禪尚無,況三諦乎?是故禪宗以戒為先。《禪苑清規》云:參禪問道,戒律為先。」(《大正藏》八十‧八頁中)

㉕參考佐藤達玄著《中國佛教における戒律の研究》五五八—五六八頁。

㉖《入中論》(*Madhyamakāvatāra*),月稱造,法尊由藏譯漢,有宗喀巴的《疏釋》(亦由法尊漢譯)及近人演培法師的《入中論頌講記》(一九六二年福嚴學舍出版)。

㉗參考演培法師《入中論頌講記》七十六頁。

㉘陳玉蛟漢譯《入菩薩行譯注》五十八—六十二頁。（臺灣藏海出版社一九九二年一月出版）

㉙同上書六十頁。

㉚陳玉蛟漢譯《阿底峽與菩提道燈釋》。（臺灣東初出版社一九八〇年出版）

㉛《阿底峽與菩提道燈釋》一四四頁有頌云：「及如來所說，七別解脫中，梵行第一者，即比丘律儀。」

㉜同上書一六八、一六九頁。

㉝《入中論頌釋》宗喀巴釋，法尊譯，妙因手抄，臺北佛陀教育基金會一九八九年三月印贈本十六頁。

㉞同上書十七頁。

㉟《菩提道次第廣論》共二十四卷，西藏宗喀巴造，法尊漢譯，一九三五年初版，一九八一年七月臺灣佛教書局再版。

㊱《菩提道次第廣論》卷一．八—九頁。

㊲同上書卷十一．三二〇頁。

㊳同上書卷十一．三二一頁。

❸❾同上書卷十一‧三一三頁。

❹⓪（一）日本的圓頓戒，乃指捨棄比丘律儀而受菩薩律儀，是由比叡山延曆寺的最澄於日本弘仁九年（西元八一〇年）向其弟子們宣告：「我宗學生，當為國家，山修山學，利益有情，興隆佛法，自今以後，永乖小乘威儀，自作誓願，棄二百五十戒，依菩薩威儀，開大乘戒。」他又說：「釋教之中，出家二類：一小乘類，二大乘類。」他的延曆寺派，則「永為大類，為菩薩僧」。何謂小乘類及大乘類？他說：「一者大乘大僧戒，制十重四十八輕戒，以為大僧戒；二者小乘大僧戒，制二百五十等戒，以為大僧戒。」大乘大僧於得度之時「授圓十善戒，為菩薩沙彌」，得度當年，再「授佛子（梵網）戒，為菩薩僧」。（以上均見於辻善之助著《日本佛教史》第一卷二七四─二八〇頁）

（二）參考韓國蔡印幻著《新羅佛教戒律思想研究》（一九七七年七月東京國書刊行會發行）五九五頁。

❹❶佐藤達玄《中國佛教における戒律の研究》第十七章所介紹的道元禪師戒律觀。

四、彈性的三聚淨戒

「三聚淨戒」的名稱，出於印度翻成漢文的經典者，最早的一部是由玄奘三藏於西元六四九年譯出的《最無比經》❶，現收於《大正藏》第十六冊。在該經之末段，兩次提到「三聚淨戒」之名，但未明言三聚的內容為何，三聚的每一聚的名目為何。只說到：「能發阿耨多羅三藐三菩提心，盡未來際，受持菩薩三聚淨戒，無缺無犯。」又說：「受持三皈，乃至菩薩三聚淨戒，所獲福德無量無邊。」❷此乃僅說發了無上菩提心的菩薩，當受持三聚淨戒，若菩薩受持三皈乃至三聚淨戒，即獲無比福德，並未明示從受持了三皈依的初發心菩薩，到受三聚淨戒之間，是否還得受十善戒和七眾律儀戒？尤其不明三聚淨戒的涵義為何？

其次是《大方廣佛華嚴經》（略稱《華嚴經》），唐武后年間（西元六九五年）由實叉難陀譯出的八十卷本〈十迴向品〉，提到三聚淨戒之名，恰又與「三種淨戒」相提並論❸。尤其又於東晉佛陀跋陀羅在西元三五六至四二九年譯出的六十卷本《華嚴經》第十八卷，與八十卷本經文相同之處，僅說「具足三種戒法」及「安住如來三種淨戒」，未見三聚淨戒之名❹。

根據日本學者土橋秀高的見解，八十卷本《華嚴經》所示的三聚戒，並未明確，究竟指律儀戒、攝善法、攝眾生的三聚，抑是指的律儀（別解脫戒）、定共戒、道共戒的三種[5]。

三聚淨戒的名目內容交代得較為具體的，最初出現於傳說是姚秦時代竺佛念於西元三七六至三七八年之間譯出的《瓔珞經》二卷[6]。此經雖未舉出「三聚淨戒」這個名詞，可是在其卷下〈因果品〉介紹「十般若波羅蜜」項下，有云：「戒有三緣：一自性戒，二受善法戒，三利益眾生戒。」[7]又在此經卷下〈大眾受學品〉列舉三種戒的內容云：「攝善法戒，所謂八萬四千法門；攝眾生戒，所謂慈悲喜捨，化及一切眾生，皆得安樂；攝律儀戒，所謂十波羅夷。」[8]此中前後的次第倒置，攝律儀戒即是自性戒，亦即是十波羅夷，亦即是《梵網經》的十重，其持戒功德在於有心，由於心無盡，戒亦無盡，故稱為「十無盡戒」。[9]

《瓔珞經》模仿《優婆塞戒經》卷三所說，三皈五戒得一分、少分、多分、滿分受戒，所以此經對於受戒多少的尺度，極為寬大，〈受學品〉有云：「有受一分戒，名一分菩薩，乃至二分、三分、四分，十分名具足受戒。」[10]十分即指十無盡的十條重戒，可以隨分隨力、隨各人所願所能而想受幾條即受幾條。

《瓔珞經》的受戒及持戒也極簡易，若於諸佛菩薩現在前受，得真實上品戒；諸佛菩薩滅後，請法師授，是中品戒；佛滅後千里內無法師時，應在諸佛菩薩形像前胡跪合掌自誓受⓫。在《梵網經》亦許自誓受，但須禮佛懺悔要見好相，始為得戒，此經則未說要見好相。受戒之後，一受永受，有受法無捨法，雖犯戒不失戒，且云：「有犯名菩薩，無犯名外道。」犯了十重禁戒，雖無悔法，但得重受；八萬威儀，皆名輕戒，犯了戒若對一人懺悔，即可滅罪⓬。若依近世學者大野法道等所說，《瓔珞經》及《梵網經》是中國本土的產物，《瓔珞經》極富彈性，能高則高，不能高則低，能受一戒也算菩薩，能持一時也有無盡功德。

註解

❶《最無比經》一卷，玄奘於貞觀二十三年（西元六四九年）譯出。

❷《大正藏》十六．七八七頁下。

❸八十卷本《大方廣佛華嚴經》唐實叉難陀譯，卷二十七有云：「常自安住三種淨戒，亦令眾生如是安住，菩薩摩訶薩令諸眾生住於五戒，永斷殺業，……是為菩薩摩訶薩住三聚淨戒，永斷殺

業，善根迴向。」（《大正藏》十・一四九頁中—下）

❹ 六十卷本《大方廣佛華嚴經》東晉佛陀跋陀羅譯，被稱為晉譯，又稱為舊譯，卷十八云：「能自具足三種戒法，亦令眾生具三種戒，菩薩摩訶薩以不殺等五戒，善根迴向……是為菩薩摩訶薩以離殺等五戒善根迴向眾生，令一切眾生，安住如來三種淨戒具足。」（《大正藏》九・五一三頁上—中）

❺ 土橋秀高氏著《戒律の研究》二二二頁。

❻ 《菩薩瓔珞本業經》二卷，竺佛念譯，現收於《大正藏》第二十四冊，其內容研究可參考大野法道氏著《大乘戒律の研究》一五九—一六五頁，以及《佛書解說大辭典》第九冊四一三頁四欄—四一五頁四欄，也是大野法道氏執筆的「菩薩瓔珞本業」條。依大野氏的意見，此經乃係中國成立而非譯自印度的梵本，不過，早在六朝時代已在中國流行，隋代的天台智顗，乃是最初注意到此經的人。至於此經的成立，當在《仁王般若經》及《梵網經》之後，由其所用資料考察，當知遲至《勝鬘夫人經》於西元四三六年譯出之後，本經才出現，所以大野氏主張，此經是於西元第五世紀半在中國成立的。

❼ 《大正藏》二十四・一〇一九頁中。

❽ 《大正藏》二十四・一〇二〇頁下。

❾《大正藏》二十四．一〇二〇頁下—一〇二一頁上。

❿《大正藏》二十四．一〇二一頁中。

⓫《大正藏》二十四．一〇二〇頁下。

⓬《大正藏》二十四．一〇二一頁中。

五、含攝的三聚淨戒

從印度傳譯成漢文的經論之中，敘述三聚淨戒的戒相條文而能具體化的，應該是《瑜伽論》，以及從其中抽拔異譯的《地持經》及《菩薩善戒經》（略稱《善戒經》）❶。所以也是中國漢、藏兩傳菩薩戒的主要根源，因為此三經論是綜合了大乘戒學，而以三聚淨戒做為三大綱領，統攝全部。

釋迦佛陀住世之際，除了為七眾制戒律，並未特為菩薩制戒，釋迦佛陀所制七眾戒律，被後人結集成為毘奈耶藏，以示有別於經藏。至於條文的菩薩戒，起初散見於各種大乘經典，後由彌勒菩薩為無著菩薩綜合說出三聚淨戒，屬於《瑜伽論》的一小部分，由譯經大德抽譯為漢文，即以經名，如《地持經》。此在《瑜伽論》

卷四十以及《地持經》卷五即有明示：

「此事起菩薩戒，佛於處處修多羅（經）中說，律儀戒、攝善法戒、攝眾生戒，菩薩律儀戒攝。此是菩薩藏摩得勒伽（論）和合說。」[2]

因為《地持經》的原本是《瑜伽論》，我們不妨先從《瑜伽論》所介紹的三聚淨戒，予以探討。

《瑜伽論》的「戒波羅蜜」共有九種戒相（即是九種內容故有九種名稱）[3]，其中第二戒相的「一切戒」項下，廣說菩薩戒而云：

「云何菩薩一切戒，謂菩薩戒略有二種：一在家分戒，二出家分戒，是名一切戒。又即依此在家出家二分淨戒，略說三種：一律儀戒、二攝善法戒、三饒益有情戒。」[4]

這裡已點出了三聚淨戒是在家、出家均能應分受持的菩薩戒。至於何謂「律儀戒」？

「謂諸菩薩所受七眾別解脫律儀，即是苾芻（舊譯比丘）戒、苾芻尼戒、正學戒、勤策男（沙彌）戒、勤策女戒、近事男戒、近事女戒。如是七種，依止在家出家二分。」[5]

何謂「攝善法戒」？

「謂諸菩薩，受律儀戒後，所有一切為大菩提，由身語意積集諸善，總說名為攝善法戒。」❻

何謂「饒益有情戒」？

共有十一條❼，其實即是《地持經》四十三條輕戒的後面十一條❽，因此而出現唐代的道倫所著《瑜伽論記》卷十下，將四十三條輕戒分作前後兩類而謂：「初犯三十二輕，障於六度攝善法戒。後犯十一種輕，障於四攝利眾生戒。」❾

因為七眾別解脫戒，僅為菩薩三種戒藏之中的一聚，故其受戒功德無法與受了菩薩戒的在家、出家之人相比，因其即是受了一切戒的無量大功德藏。所以要說：

「如是菩薩所受律儀戒，於餘一切所受律儀戒，最勝無上無量無邊大功德藏之所隨逐。……一切別解脫律儀，於此菩薩律儀戒百分不及一，……鄔波尼殺曇分亦不及一，攝受一切大功德故。」❿

前面所說《瑜伽論》的戒波羅蜜共有九種戒相，然在其〈戒品〉之末段部分，強調九種尸羅為三種淨戒所攝⓫。並謂三種菩薩淨戒，能成就菩薩三種事：

「律儀戒能安住其心，攝善法戒能成熟自佛法，饒益有情戒能成熟有情。如是總攝一切菩薩所應作事。」⑫

《瑜伽論》中另一特色，是菩薩律儀的授戒之時，戒師先應為受戒者說四種「他勝處法」，通常名為四重禁戒，其重要性類似比丘戒的四根本戒（殺、盜、淫、妄），內容則迥異，那便是：1.自讚毀他，2.慳財法不施，3.忿恨不捨怨結，4.謗菩薩藏。於中隨犯其一，便不堪於現法中增長攝受菩薩廣大資糧，若數數現行他勝處法，便捨菩薩淨戒律儀⑬。從此四條重戒，可以顯出菩薩戒的宗旨在以他為先，而且比《瓔珞經》更為嚴格，彼經的菩薩戒有受法無捨法，且可分分受持。此論乃受則全受。若於四種他勝處法，隨犯其一，即名為捨。不過可由兩種因緣，捨菩薩戒：

「略由二緣，捨諸菩薩淨戒律儀，一者棄捨無上正等菩提大願；二者現行上品纏犯他勝處法。」⑭

依據以上兩點原因捨菩薩戒的可能也是不多的，若非有人受到外道邪說的惑亂，自動棄捨成佛的誓願是相當少的。至於上品纏犯他勝處法，須要「數數現行，都無慚愧，深生愛樂，見是功德」⑮。準知類似的情況，若非有人邪見狂亂，也不致於此。

因為此論的菩薩戒，在家、出家之七眾，都能受持，其受戒的要求應當分別如下：

（一）菩薩優婆塞及優婆夷，受五戒及四重戒；以三誦三聚淨戒受。

（二）菩薩沙彌及沙彌尼，受十戒及四重戒；以三誦三聚淨戒受。

（三）菩薩正法女，受六法及四重戒；以三誦三聚淨戒受。

（四）菩薩比丘及比丘尼，受二百五十戒或五百戒及四重戒；以三誦三聚淨戒受⑯。

註解

❶《瑜伽師地論》共一百卷，其本地分中菩薩地之一部分，由北涼曇無讖譯為《菩薩地持經》，通常稱為《菩薩戒經》，也有人稱之為《菩薩地持論》。又由劉宋求那跋摩譯為《菩薩善戒經》。討論三聚淨戒的四重四十二輕戒者，乃為《瑜伽師地論》卷四十—卷四十一的〈戒品〉。

❷（一）《瑜伽師地論》卷四十。（《大正藏》三十．五一一頁上）

（二）《菩薩地持經》卷五。（《大正藏》三十．九一七頁上）

❸《瑜伽師地論》的九種戒相是：自性戒、一切戒、難行戒、一切門戒、善士戒、一切種戒、遂求戒、此世他世樂戒、清淨戒。（《大正藏》三十．五一〇頁下）

❹《大正藏》三十．五一一頁上。

❺《大正藏》三十．五一一頁上。

❻《大正藏》三十．五一一頁上。

❼饒益有情戒共有十一條，參閱《瑜伽師地論》卷四十。（《大正藏》三十．五一一頁中—下）

❽《菩薩地持論》卷四。（《大正藏》三十．九一〇頁中—下）

❾（一）《瑜伽論記》卷十之下「論本」卷第四十一。（《大正藏》四十二．五三八頁中）

（二）佐藤達玄著《中國佛教における戒律の研究》三五五頁引用此項資料。

❿《大正藏》三十．五一五頁上。

⓫《大正藏》三十．五二二頁下。

⓬《大正藏》三十．五二三頁上。

⓭《大正藏》三十．五一五頁中—下。

⓮《大正藏》三十．五一五頁下。

⓯所謂上品纏犯他勝處法，該論的說明是：「若諸菩薩毀犯四種他勝處法，數數現行，都無慚愧，

深生愛樂，見是功德，當知說名上品纏犯。」（《大正藏》三十．五一五頁下）

⓰參考佐藤達玄著前引書三五一頁所列者。

六、既難且易的三聚淨戒

至於《地持經》所見的三聚淨戒，據大野法道氏主張，三聚淨戒的三聚思想，係受《深密解脫經》卷四的影響而來，彼經將六波羅蜜各分三種，至於戒波羅蜜則為離諸惡行戒、修諸善行戒、利益眾生戒的三分。到了《地持經》便形成了：

（一）律儀戒（Saṃvara-śīlaṃ）

（二）攝善法戒（Kuśaladharmasamgrāhakam-śīlaṃ）

（三）攝眾生戒（Sattvārthakriyā-śīlaṃ）❶

《地持經．戒品》的受菩薩戒法，與《瑜伽論》相同，若在家者，若出家者，均依有智者的同法菩薩，主持問答，並於十方諸佛菩薩像前禮敬乞授三種戒藏，即是三聚淨戒❷。

受戒之先，智者同法菩薩，應為求授菩薩戒者，說菩薩摩得勒伽（Bodhisattva-

Mātṛkā 菩薩論藏）、菩薩戒及犯戒相，使受戒者自知、自審，乃係自己堪受，非效他受。此經所明的戒相條文，便是四重四十三輕，而將四重禁戒稱為「四波羅夷處法」，內容則大同於《瑜伽論》的「四他勝處法」。

從此可以明白，在正受菩薩戒前，須聽戒師宣說四重四十三輕的一一戒相，在正受之際，主要的答問內容，乃是三聚淨戒，然在《地持經》中稱為淨戒三種、三種淨戒、三種律儀等，並未使用「三聚」字樣。茲錄受戒文的內容如下：

（受戒者若在家若出家，發無上菩提願已，禮請有智者同法菩薩為戒師，並於三世十方佛及大地諸菩薩像前恭敬作禮，謙下長跪，曲身求乞授戒。）

「爾時智者，於彼受者，不起亂心，若坐若立，而作是言：『汝某甲善男子諦聽，法弟！汝是菩薩否？』答言：『是。』『發菩提願未？』答言：『已發。』

問已，復作是言：『汝善男子，欲於我所，受一切菩薩戒：律儀戒、攝善法戒、攝眾生戒，此諸戒是過去、未來、現在一切菩薩所住戒，過去一切菩薩已學、未來一切菩薩當學、現在一切菩薩今學。汝能受否？』答言：『能。』第二（遍）、第三（遍）亦如是說。」❸

這三聚淨戒名為一切戒，既是含攝了聲聞七眾戒，也含攝了菩薩諸地的一切身、口、意行為準則及內容，所以對於初發心菩薩而言，既是一切眾生的自性戒，也是難戒。何謂難戒？1.若人具足大財大勢力，能捨出家受菩薩戒者。2.若遭急難乃至失命，於所受戒，不令缺滅。3.於一切修行、正受、憶念、心住不亂，乃至壽盡，於微細戒，終不缺減[4]。這三點是說明了富貴學出家菩薩難、急難不失戒難、終身不犯戒難。此處特別標示出家難，已隱含菩薩出家遠勝於在家之意。

然此三聚淨戒，要求受持的尺度及範圍既高且廣。但也可以能高則高，能廣則廣，相反地，若不能高廣，退而求其次，乃至次之又次，也會受到鼓勵。例如《地持經》卷五有云：

「若菩薩住律儀戒，於一日一夜中，若佛在世、若佛塔廟，若法、若經卷、若菩薩修多羅藏、若菩薩摩得勒伽藏、若比丘僧，若十方世界大菩薩眾，若不少多供養，乃至一禮，乃至不以一偈讚歎三寶功德，乃至不能一念淨心者，是名為犯、眾多犯。」[5]

這是鼓勵受了菩薩戒的人，應當盡力而為地禮敬、供養、讚歎三寶，若多若少，乃至一日一夜中僅作一禮，僅起一念淨心，都算是持戒菩薩，若不能遵守最低要求，才算犯了突吉羅罪（犯了微細威儀之罪）。縱然犯了菩薩戒，尚有懺除罪愆的方法：如以增上煩惱犯了波羅夷處法，即失律儀戒，但又可以重受❻；若無具德智者為戒師，亦得於佛像前如是自受：

整衣服偏袒右肩，右膝著地，曲身合掌，作如是言：

「我某甲白十方世界一切諸佛及入大地諸菩薩眾，我今於諸佛菩薩前，受一切菩薩戒：律儀戒、攝善法戒、攝眾生戒。此諸戒是過去一切菩薩已學、未來一切菩薩當學、現在一切菩薩今學。」第二（遍）、第三（遍），亦如是說，說已應起。❼

可見若有具德的戒師，則請師授，若無具德戒師，也可以自誦三聚戒相，自誓受戒，而且並未如《梵網經》輕戒第四十一條那樣，規定自誓受戒，必得苦到禮拜三世千佛，要見到好相，始為得戒。足徵受持三聚淨戒，既困難，也很容易。

註解

❶《大乘戒經の研究》一八五頁。

❷（一）《瑜伽師地論》卷四十。（《大正藏》三十．五一四頁中—下）

（二）《菩薩地持經》卷五。（《大正藏》三十．九一二頁中—下）

❸《地持經》卷五。（《大正藏》三十．九一二頁中—下）
❹《大正藏》三十．九一七頁中。
❺《大正藏》三十．九一三頁下。
❻《大正藏》三十．九一七頁上。
❼《大正藏》三十．九一七頁上。

七、由易而難的三聚淨戒

同屬於從《瑜伽論》抽出，由劉宋求那跋摩所譯的一卷本《善戒經》，對於菩薩的三聚淨戒，稱為：1.戒，2.善戒，3.利益眾生戒❶。在其授菩薩戒問答文中，則有另外的名稱，其內容如下：

（授戒師問：）「汝今真實是菩薩否？真實發於菩提心否？汝今具足三種戒否？能捨內外所有物否？惜身財否？」

（受戒者一一答：「是。」）

戒師另問：「汝能從我受一切菩薩戒、攝持一切菩提道戒、利益一切諸眾生戒，是戒如十方三世諸佛菩薩戒，汝能持否？」

（受戒者答：「能。」如此問答三遍。）❷

由此可知，此經對於三聚淨戒有兩種稱呼，若將《瑜伽論》、《地持經》及《善戒經》各個所示三聚淨戒的名目，對照它們的同異，可列表如下：

	《瑜珈師地論》	《菩薩地持經》	《菩薩善戒經》	
三聚淨戒	律儀戒	律儀戒	戒	一切菩薩戒
	攝善法戒	攝善法戒	善戒	攝持一切菩提道戒
	饒益有情戒	攝眾生戒	利益眾生戒	利益一切諸眾生戒

若根據大野法道氏《大乘戒經の研究》第七章所列諸種大乘經論對三聚淨戒的標名，多達十四種❸。可見其縱橫流傳於印度及中國的時空面，相當深遠遼闊。

不過，從《善戒經》對於求受菩薩戒者的資歷要求而言，似乎僅有出家的比丘，才能合格。因為此經將七眾戒及菩薩戒合計分作四層等級：1.優婆塞戒，2.沙彌戒，3.比丘戒，4.菩薩戒。若不具前三種戒而得菩薩戒者，乃不可能事，並且舉喻云：

「譬如重樓四級次第，不由初級至二級者，無有是處，不由二級至於三級，不由三級至四級者，亦無是處。菩薩具足三種戒已，欲受菩薩戒，應當至心，以無貪著，捨於一切內外之物，若不能捨，不具三戒，終不能得菩薩戒也。」[4]

將菩薩戒置於第四層次的最高級數，若非逐級而上，不得受菩薩戒。這等於說，只有出家受了比丘戒者，始夠資格求受菩薩戒。致有現代學者佐藤達玄氏認為，《善戒經》的菩薩戒，是僅為出家人受的[5]。其實此經之中也曾三度說到，菩薩戒是出家及在家兩種人所受：

（一）「出家在家，若能捨能施，深心立願，求阿耨多羅三藐三菩提，爾時若有同菩提心、同法、同意，能說能教，善知義者，欲受戒人，應往其所（求作授菩薩戒師）。」[6]

（二）「菩薩有二種：一者在家，二者出家，在家六重，出家八重。」[7]

（三）「何故名為一切戒？總說出家在家戒故。」[8]

由此證明，此經的菩薩戒也是在家、出家同樣可受的。此兩段文字與《瑜伽論》及《地持經》所持立場是相同的，只是跟它自己所說「重樓四級次第」的比喻，互相牴觸罷了。照其原意若將「重樓四級」的比喻，說成：「初登一層樓，可受菩薩戒，若登四層樓，層層可受菩薩戒。」便可解除此經的自相矛盾，也跟《瑜伽論》系統諸經的持論相一致了。

不過，《善戒經》對於菩薩戒所要求的程度，的確難於《瑜伽論》及《地持經》，且舉三個例子：

（一）菩薩重戒：前二經論，都是四重禁戒，此經則說在家菩薩有六重，與《優婆塞戒經》相同，出家菩薩為八重，與《瓔珞經》及《梵網經》的十重相似而略去酤酒及說四眾過的兩條。

（二）「難戒」第一條的說明，可以表列對照來看：

《瑜珈師地論》	《菩薩地持經》	《菩薩善戒經》
諸菩薩，現在具足大財大族，自在增上。棄捨如是大財大族自在增上，受持菩薩淨戒律儀，是名菩薩第一難行戒[9]。	菩薩具足大財大勢力，能捨出家，受菩薩戒，是名第一難戒[10]。	菩薩有大自在，財富無量，悉能捨離，受菩薩戒，是名難戒[11]。

以上可知，《瑜伽論》說「棄捨如是大財大族自在增上」，《地持經》則說

「能捨出家」，《善戒經》在此處未說出家，卻在經文第一段要求「菩薩具足（五戒、十戒、比丘戒）三種戒已」，「捨於一切內外之物」方許得受菩薩戒⓬。這無異是說：若不出家受了比丘戒者，便與菩薩戒無緣。

（三）受戒是否須見好相的說明：《瑜伽論》及《地持經》均未說須見好相，始得菩薩戒⓭。《善戒經》則規定於三番乞戒之後，「十方佛菩薩即作相示，當知得戒」；又說要待「諸方有涼風起」始「知十方諸菩薩僧，施是人戒」⓮。換言之，若不見十方諸佛菩薩作相示，若不見諸方有涼風起，便不能證明此人已得菩薩戒了。

大致來說，菩薩戒是自無而有，由易而難的，從《般若經》、《華嚴經》、《維摩經》、《法華經》等諸經的觀點，菩薩即是以發菩提心、觀無相之空就好。到了《瑜伽論》，方以三聚淨戒衍生出重戒及輕戒的詳細條文。早期的大乘諸經，無不貶斥聲聞乘，到了《瑜伽論》竟又將捨棄聲聞乘列為禁戒而須兼學⓯。這一點影響到西藏的阿底峽及宗喀巴的菩薩戒思想，使他們均主張菩薩戒律儀當以聲聞戒律為基礎。在《瑜伽論》卷四十一輕戒九條及十條之間，菩薩可為悲心而開身、口七支（十善業的身三、口四）性罪⓰，到了《地持經》及《善戒經》的相同位置，便將此項開緣刪除。所謂「七支性罪」，是指不論或受戒或不受戒，若以身做殺生、偷盜、邪淫；以口語妄言、綺語、兩舌、惡口者，均有應得果報。所謂「開緣」，是指以戒而言，本不應做，若做即算破戒犯戒，若由於無法克服的困難，以及菩薩為了大慈悲心，縱然做了也不算犯戒。

註解

❶《菩薩善戒經》開頭即說：「菩薩摩訶薩成就戒、成就善戒、成就利益眾生戒。」（《大正藏》三十・一〇一三頁下）

❷《大正藏》三十・一〇一四頁中。

❸《大乘戒經の研究》一八六—一八七頁。

❹《大正藏》三十・一〇一三頁下—一〇一四頁上。

❺《中國佛教における戒律の研究》三五七頁有云：「《善戒經》が在家は直ちに菩薩戒を受けることができないという立場を示し。」（《善戒經》表示的立場是在家人無法直接受菩薩戒）

❻《大正藏》三十・一〇一四頁上。

❼《大正藏》三十・一〇一五頁上。
❽《大正藏》三十・一〇一七頁下。
❾《大正藏》三十・五二二頁上。
❿《大正藏》三十・九一七頁中。
⓫《大正藏》三十・一〇一七頁下。
⓬《大正藏》三十・一〇一三頁下—一〇一四頁上。
⓭（一）《瑜伽師地論》卷四十。（《大正藏》三十・五一一頁中）
（二）《菩薩地持經》卷五。（《大正藏》三十・九一七頁上）
⓮《大正藏》三十・一〇一四頁上—中。
⓯《瑜伽師地論》卷四十一。（《大正藏》三十・五一九頁上）
⓰《大正藏》三十・五一七頁中—五一八頁上。

八、有收有放的三聚淨戒

在中國大乘佛教的戒律史上，《優婆塞戒經》❶及《梵網經》❷是不能被忽略的。我們已知《地持經》的菩薩戒，雖然明示有在家及出家分，若考察其四重四十三輕戒目內容，毫無疑問是著重於出家的比丘菩薩。至於《優婆塞戒經》，淵源於《阿含經》的《善生經》、《尸迦羅越六方禮經》，是為在家居士所說的菩薩戒經，其內容的涵蓋面很廣，例如發菩提心、慈悲心、發願、自利利他、十善業、六波羅蜜、解脫、戒學等。雖未條理出三聚淨戒的類目，但亦不外乎三聚淨戒的範圍。

《優婆塞戒經》對於受戒的要求限制，相當嚴密繁複。若在家弟子發心欲受優婆塞戒，先當充分恭敬供養父母、師長、妻子、善知識、奴婢、沙門婆羅門等六種對象，以衣服、飲食、臥具、湯藥、財寶，及各自所需物件為供品。然後得到了父母、妻子及至國王的准許，求得一位已出家的發菩提心者，給他問遮難、授三皈、傳五戒，然後還得規定十五事不應做、五處所不應遊、四種人不應親近、四種惡人常遠離、求得財應做四份用，且不應存於四種人處。經過六個月，才邀集二十人僧，做白羯磨，由戒師問受戒者：「汝能憐愍諸眾生故受是戒否？」然後示知僅受三皈，即名優婆塞，若受三皈受五戒名滿分優婆塞，亦可受三皈後即分受一戒、二戒、三戒、四戒名少分或多分五戒優婆塞，便算受戒完成[3]。戒目共有六重二十八失意罪。重戒的標準極嚴：「雖為天女乃至蟻子，悉不應殺。」[4]「雖為身命不得偷盜乃至一錢。」[5]其六重戒，即是五戒的前四條另加「不酤酒」及「不說四眾（優婆塞、優婆夷、比丘、比丘尼）過」。至於飲酒戒已在先受的五戒之中，所以不是不受持。

不過，優婆塞戒的六重二十八失意，卻不即是最高的菩薩戒，而且相當不易受持，因其有云：

「優婆塞戒，極為甚難，何以故？是戒能為沙彌十戒，大比丘戒及菩薩戒，乃至阿耨多羅三藐三菩提而作根本。」[6]

「如佛所說，菩薩二種：一者在家，二者出家，出家菩薩名為比丘，在家菩薩名優婆塞。出家菩薩持出家戒是不為難，在家菩薩持在家戒，是乃為難，何以故？在家之人多惡因緣所纏繞故。」[7]

從這段經文可以見出兩點：1.優婆塞戒不是究竟的菩薩戒，只是出家戒及無上菩提的根基，因為它不是《瑜伽論》的一切戒，未能包含出家戒故，當然也無法自稱為含攝眾戒的三聚淨戒了。2.出家不容易，可是出家持戒容易，所以讚歎出家菩薩勝於在家菩薩，暗示著出家修梵行，才是真正受持菩薩戒的行者。

因此，本經雖在中國盛行，卻沒有將之當作菩薩戒來傳授。若要傳授，相當困難：第一，財物不夠便無法周全供養六種對象；第二，不得允許便不能受戒；第三，問遮難，類似出家戒；第四，在六個月中遵守所不應做事；第五，滿六個月邀集二十位和合眾僧做白羯磨，較比丘受戒須得十人清淨比丘僧更難。類似嚴謹的規定，無異把絕對多數的人，摒諸於優婆塞戒之外了。

至於《梵網經》，據境野黃洋、望月信亨、大野法道、佐藤達玄等人的推定，準是成立於中國本土❽。雖其一向被認定是鳩摩羅什譯，且有僧肇寫序，然經過近代學者的考察，我們必須承認此經不是來自印度。但其出現的時代相當早，大約是在西元四八〇年至五〇〇年之間的事。

《梵網經》思想的主要來源，大約有八種經典：《梵網六十二見經》、《菩薩內戒經》、《地持經》、六十卷本《華嚴經》、《大涅槃經》、《優婆塞戒經》、《善戒經》、《仁王般若經》❾。這些經典都是譯出於西元第三世紀至第五世紀之間。《梵網經》的註釋書，包括中國、新羅、日本的共有二十八家三十三種，其中從陳之慧思、隋之智顗、唐之法藏，迄明之袾宏及智旭，都是大師級人物。它不但是所有大乘戒經之中最受重視的一部，而且歷久不衰。除了因為它的包容性及融會性之外，特別是它對中國的民族文化及時代社會的周延性、適應性。它吸收了許多印度的材料，揉合並疏導了中國觀念，也創造了許多名詞。尤其在其戒相條文中，顧及到整體社會的各行各業，各個層面的各色人等，是一部生活倫理化的經典❿。

如本文前述的那樣，菩薩戒必與三聚淨戒相吻合，《梵網經》卻自始至終未用三聚淨戒的名目及形式，唯以三聚淨戒的特性是止惡、行善、利生，《梵網經》的十重四十八輕戒相條文，必然屬於這三大範圍。因此在法藏的《梵網經菩薩戒本疏》卷第一，說明十重戒之處，要說：

「攝三聚戒者有二義：一若從勝為論，此十戒總是律儀攝，以俱止惡故；二若通辨，皆具三聚。」

「謂於此十中，一一不犯，律儀戒攝；修彼對治十罪之行，攝善法攝。謂一慈悲行、二少欲行、三淨梵行、四諦語行、五施明慧行、六護法行、七息惡推善行、八財法俱施行、九忍辱行、十讚三寶行。以此二戒教他眾生，令如自所作，即為攝眾生戒。是故十戒，一一皆具三聚。餘義可知。」⓫

這是十重戒的自行化他，以律儀及善法自行，再轉將律儀及善法勸化他人照著實踐，便是利益眾生。十重戒的戒目是殺、盜、淫、妄語、酤酒、說四眾過、自讚毀他、慳、瞋、謗三寶。能不做這十項便是律儀戒；法藏提出了逐項對治此十罪的修行法，便是攝善法戒；以此不應做及應當做的反正兩面共二十項，教令他人如同自己照著修行，便是攝眾生戒。至於其餘四十八條輕戒，也可準此而知，條條都是三聚具足。

《梵網經》菩薩戒的最大特色是標明為「新學菩薩」所設，而且不僅在家、出家的一切人類，不論貴賤貧富，正常不正常，都應受此菩薩戒，縱然是梵天欲天的天子、八部鬼神、金剛神，乃至畜生，也就是除了地獄之外的一切五趣眾生，「但解法師語，盡受得戒，皆名第一清淨者」⓬。這在其他諸戒經中是從未見過的，若跟《優婆塞戒經》相比較，正好是極端的相反，兩者的收放之門，差異猶若天壤。無怪乎《梵網經》能夠受到中、韓、日三國歷代高僧的推崇和推廣了。

唯其時至今日，客觀的社會及思潮都已變了又變，《梵網經》雖是為了適應君主時代的東方社會而出現，未必也能一成不變地完全適應於每一個時代的不同環境。尤其《梵網經》菩薩戒也像其他大乘經典所示那樣，是以出家菩薩戒為標準，雖說允許五趣眾生能解法師語者，皆受得戒，可是，在十重四十八輕的修文中，未能逐一明示何者唯是出家新學菩薩應持，何者乃是出家、在家新學菩薩共受。例如十條重戒乃凡發心者，必須全受，而其第三條重戒是「不得故淫」⓭，此為出家的梵行，對在家的新學菩薩而言，就有困難了。又如輕戒第十五條，只許教授大乘經律而不准教人二乘聲聞經律，並將之與外道邪見論等相提並論⓮，不僅與《勝鬘夫人經》⓯、《瑜伽論》、《地持經》等的觀點相違，跟今後的佛教包容性、整體觀，以及佛法次第論，也不相應。

註解

❶《優婆塞戒經》七卷，北涼曇無讖譯。（《大正藏》二十四．一〇三四—一〇七五頁）

❷《梵網經》二卷，姚秦鳩摩羅什譯。（《大正藏》二十四．九九七—一〇一〇頁）

❸《優婆塞戒經》卷三。（《大正藏》二十四．一〇四七頁上—一〇四九頁上）

❹《大正藏》二十四．一〇四九頁上。

❺《大正藏》二十四．一〇四九頁中。

❻《大正藏》二十四．一〇四七頁下。

❼《大正藏》二十四．一〇五〇頁中。

❽（一）境野黃洋著《支那佛教精史》三九五頁。
（二）望月信亨著《淨土教の起源及發達》第四章與《佛教經典成立史論》四四四頁。
（三）大野法道著《大乘戒經の研究》二五二頁、二七四頁等。
（四）佐藤達玄著《中國佛教における戒律の研究》四三六—四三八頁。

❾佐藤達玄著前書四四二頁。

❿《大乘戒經の研究》二六五頁參考。

⓫法藏撰《梵網經菩薩戒本疏》卷第一。（《大正藏》四十．六〇九頁下）

⓬《梵網經》卷下有兩處記載：
（一）《大正藏》二十四．一〇〇四頁中。
（二）《大正藏》二十四．一〇〇八頁中。

⓭《大正藏》二十四．一〇〇四頁中—下。

⓮《大正藏》二十四．一〇〇六頁上。

⓯《勝鬘夫人經．一乘章》第五有云：「世尊，如阿耨大池，出八大河，如是摩訶衍出生一切聲聞、緣覺、世間、出世間善法。世尊，又如一切種子，皆依於地而得生長，如是一切聲聞、緣覺、世間、出世間善法，依於大乘而得增長。是故世尊，住於大乘，攝受大乘，即是住於二乘、

攝受二乘、一切世間、出世間善法。」（《大正藏》十二・二一九頁中）

九、結論

佛戒分為兩類：聲聞比丘律儀及菩薩三聚淨戒。聲聞律儀是佛住世時代親口所制，佛滅之後，既無人敢增亦無人敢減，所以，在原則上是固定的，縱然各部派所傳的律本也有出入，卻未曾跟著時空的變遷而常常增減，以致僅能在本無原有文化背景，也少受到外來文化影響的錫蘭、泰、緬、寮等東南亞地區諸國，尚可維繫近乎印度原貌的律儀生活，到了中國，卻一開始就遇到儒家思想的抗拒、王法與佛法的衝突等麻煩，比丘律儀便難於如法遵行了，此在《梵網經》、《護國仁王般若經》以及中國佛教史傳資料中，可以得到消息。

菩薩的三聚淨戒，名字或許是後出，涵義確係出於佛說，從本文的介紹和探討，已知三聚淨戒的繁簡舒卷及有收有放的情況，是隨著時代及環境的遷移而出現了多姿多樣的變化，有著相當廣闊靈活的空間。誰若能夠掌握了止惡、修善、利生的三大原則，站在發菩提心並堅持正見的基礎上，就可以發揮因時制宜、因地制宜的效果。

有關三聚淨戒的基本精神及其綱領，試錄六例如下，用資參考：

（一）我們讀藏傳寂天的《入菩薩行》（陳玉蛟譯註）所示三聚淨戒，不僅是條文的規定，而更是吩囑我們隨時隨地如何觀察身、口、意的三業行相，教導我們如何止息三業的惡行，並且隨時隨地、隨分隨力而以財法及威儀饒益眾生，覺得可以參考❶。

（二）我們讀西藏宗喀巴的《菩提道次第廣論》卷十一，見到「三聚淨戒」項下說：「律儀戒中最主要者，謂斷性罪，攝諸性罪過患重者，大小乘中，皆說斷除十種不善。」並且列舉《攝波羅蜜多論》、《十地經》及月稱論師語，證明行十善業道，斷十種不善，是「生善趣解脫路」，「此（十善）為攝盡尸羅本」❷。受三聚、行十善，也值得參考。

（三）我們讀禪宗《少室六門》的〈第二門破相論〉，見到其主張：由持三聚淨戒而行六波羅蜜，方成佛道。云何成佛？乃以三聚淨戒制貪、瞋、癡的三類毒心，而成無量善聚。由於菩薩摩訶薩在因地時發三條誓願：1.「誓斷一切惡」，故常持戒，對治貪毒；2.「誓修一切善」，故常習定，對治瞋毒；3.「誓度一切眾生」，故常修慧，對治癡毒。三毒除則心垢淨，心淨則國土淨。如此則三聚淨戒能夠成就，即是佛道成就❸。

（四）禪宗好從簡便扼要，故亦以三聚淨戒為攝心淨心、頓悟成佛之法，據說，當日本道元禪師來中國天童寺求法，如淨禪師即以三皈、三聚淨戒、十重禁戒等共計十六條戒，傳授給他，他也以之傳回了日本，成為彼國曹洞宗傳授菩薩戒的定式❹。這也值得我們參考。

（五）我們讀六十卷本《華嚴經》卷十八及八十卷本《華嚴經》卷二十七，均謂住於離殺等五戒，是為「安住如來三種淨戒」，是為「菩薩摩訶薩住三聚淨戒」❺。

（六）我們讀《大智度論》卷四十六，以十善為尸羅波羅蜜的內容，而云：「菩薩摩訶薩以應薩婆若心（一切智心），自行十善道，亦教他行十善道，用無所得故，是名菩薩摩訶薩不著尸羅波羅蜜。」❻

又云：

「問曰：尸羅波羅蜜則總一切戒法，譬如大海總攝眾流。所謂不飲酒、不過中食、不杖加眾生等，是事十善中不攝，何以但說十善？答曰：佛總相說六波羅蜜，十善為總相戒，別相有無量戒。不飲酒、不過中食、入不貪中（攝）、杖不加眾生等、入不瞋中。餘道隨義相從，戒名身業口業，七善道所攝。……以是故知，說十善道則攝一切戒。」❼

以十善道為菩薩戒而攝一切戒，等於說十善道即是三聚淨戒。十善是：不殺生、不偷盜、不邪淫、不妄言、不綺語、不兩舌、不惡口、不貪、不瞋、具正見。以此十善道為菩薩戒，值得今人參考。

參考以上六例，大概可以明白今後我們在三聚淨戒的原則下，如何來考慮菩薩戒的時空適應，而予以簡化並且認真實踐。

（本文發表於一九九二年中華佛學研究所召開的第二屆國際學術會議，刊於《中華佛學學報》第六期）

註解

❶ 寂天造，陳玉蛟譯註《入菩薩行》五十八—七十五頁。

❷ 宗喀巴造，法尊譯《菩提道次第廣論》卷十一・三一二—三一三頁。

❸《少室六門》的〈第二門破相論〉。(《大正藏》四十八・三六七頁下)

❹鏡島元隆氏〈禪戒の成立と圓頓戒〉，被收於日本佛教學會編《佛教における戒律の問題》二七八頁。

❺參考前「四、彈性的三聚淨戒」之註三及註四。

❻《大正藏》二十五・三九三頁中。

❼《大正藏》二十五・三九五頁中。

十善業道是菩薩戒的共軌

一、前言

戒在佛法中，分有別解脫戒、定共戒、道共戒的三等。別解脫戒，離欲界纏；定共戒，離色界纏；道共戒，離三界縛。又謂別解脫戒是欲界凡夫，受持戒相，持戒清淨，則可別別解脫；定共戒是住在四禪八定之人，自然不會犯惡行造惡業；道共戒則已證學與無學的聖道，已離煩惱，已斷生死，無漏智慧現前，根本不會再有犯淨戒造惡業的可能。

欲界凡夫，若不受持別解脫戒，縱然想要返生為人都非常難，何況解脫生死乃至成等正覺。既已皈信三寶，必須受持淨戒。依在家、出家及大眾、小眾的不同，別解脫戒分為兩大類：一是聲聞七眾別解脫戒，包括優婆塞、優婆夷、沙彌、沙彌尼、式叉摩尼、比丘、比丘尼。二是大乘菩薩戒。七眾戒是三皈戒、五戒、八戒、十戒、比丘戒、比丘尼戒，是依五部大律或稱四律五論的律藏❶。菩薩戒則沒有成套乃至專門的菩薩律藏，而自古以來中國先賢都是從《菩薩瓔珞本業經》（略稱《瓔珞經》）、《梵網菩薩戒經》（略稱《梵網經》）、《菩薩地持經》（略稱《地持經》）、《瑜伽師地論》（略稱《瑜伽論》）、《菩薩善戒經》（略稱《善戒經》）、《優婆塞戒經》等摘出戒相條文而成戒本❷。菩薩戒的基本精神，則在於三聚淨戒的能收能放❸。三聚內容是：攝律儀、攝善法、攝眾生。

在中國佛教史上，菩薩戒的授受，一向採用《梵網經》，因其主張「孝名為戒」，頗能迎合中華民族重視孝道的美德。又因其對於受戒者的資格要求，非常寬大，不僅未受七種聲聞戒的人類可以受持，乃至但能聽懂法師語的異類眾生，也都能夠受菩薩戒❹。可是《梵網經》的十重戒四十八輕戒，有許多條是我們無法遵行的，有許多條則因時代環境及風俗習慣的變遷，已經不切實際，故在中國雖然形式猶存而精神空虛。因此，我在拙作〈從三聚淨戒論菩薩戒的時空適應〉的文末主張：「今後我們在三聚淨戒的原則下，如何來考慮菩薩戒的時空適應，而予以簡化並且認真實踐。」❺同時我也發現日本天台宗創始祖最澄，設立圓頓戒，以「授圓十善戒，為菩薩沙彌」❻。《入中論》所舉的菩薩律儀是十善道❼，《大智度論》

則說：「十善為總相戒。」❽宗喀巴的《菩提道次第廣論》說：「此（十善）為攝盡尸羅本。」❾這使我覺得三聚淨戒與十善，都是菩薩戒的根本。故在寫完三聚淨戒之後，就考慮要寫這篇論文了。

註解

❶參考拙著《戒律學綱要》第一篇第二章第二節。（東初出版社一九八八年七版）

❷參考拙著《戒律學綱要》第七篇第三章。

❸參考拙作〈從三聚淨戒論菩薩戒的時空適應〉。（一九九三年七月《中華佛學學報》第六期，已收入本書第二篇）

❹（一）求那跋摩譯《菩薩善戒經》卷四有云：「菩薩摩訶薩，若欲受持菩薩戒者，先當淨心受七種（眾）戒。」（《大正藏》三十．九八二頁下）

（二）鳩摩羅什譯《梵網經》卷下云：「若受佛戒者，……八部鬼神、金剛神、畜生，乃至變化人，但解法師語，盡受得戒，皆名第一清淨者。」（《大正藏》二十四．一〇〇四頁中）

❺本書第二篇〈從三聚淨戒論菩薩戒的時空適應〉。（《中華佛學學報》第六期二十七頁）

❻本書第二篇〈從三聚淨戒論菩薩戒的時空適應〉。（同上十三頁）

❼本書第二篇〈從三聚淨戒論菩薩戒的時空適應〉。（同上十二頁）

❽《大智度論》卷四十六云：「佛總相說六波羅蜜，十善為總相戒，別相有無量戒。」又說：「十善道則攝一切戒。」（《大正藏》二十五．三九五頁中）

❾本書第二篇〈從三聚淨戒論菩薩戒的時空適應〉。（《中華佛學學報》第六期二十八頁）

二、十善法與大、小乘諸經論

有關十善法的經論記載，極其豐富，這是人天善法，也是聲聞、緣覺乃至成佛基礎的五乘共法❶，故從原始佛教聖典到近人的佛教著作，多多少少，都有關於十善法的提倡及討論。依據日本現代學者大野法道博士的代表作《大乘戒經の研究》第十五章，介紹與十善法或十善戒相關的大、小乘經典，分作二十一個項目❷，舉出大、小乘經典共計有：四種阿含部六項五十一例，大乘經十五項四十三例，合計九十四例❸。

我們發現，可以從許多不同的角度來運用十善法，從《雜阿含經》開始，十善法即有戒律、業道、善行、正道行、真實法、涅槃解脫法的功能。大乘經中的十善法，功能更多，例如菩薩道必修的六波羅蜜之中，第二戒波羅蜜，即用十善法為其內容者，有《維摩經．佛國品》、《大品般若經》卷五〈問乘品〉及卷二十〈攝五品〉、《成具光明定意經》、《十住經》及《十地經》的離垢地、《華嚴經》的〈十地品〉第二地、《密迹金剛力士經》、《寶雲經》卷一、《大菩薩藏經．尸波羅蜜品》；以十善法做為菩薩戒的有《大乘十法經》、《未曾有因緣經》、《優婆塞戒經》、《受十善戒經》、《佛昇忉利天為母說法經》卷上、《占察善惡業報經》卷上等；以十善法做為戒與業道兼顧者有《小品般若經》卷六〈阿惟越致相品〉等；以之做為菩薩道及菩提行的有《大方廣十輪經》卷七〈遠離譏嫌品〉、《文殊師利問菩提經》、《大菩薩藏經．尸波羅蜜品》；以之做為往生淨土之要行者，有《大般涅槃經》卷十九〈光明遍照高貴德王菩薩品〉、《大阿彌陀經》卷下、《無量清淨平等覺經》卷三、《大乘無量壽莊嚴經》卷中等；以之做為無上正真道之本者有《海龍王經》卷三；以之做為招致善果的功德者，有《十善業道經》、《佛為娑伽羅龍王所說大乘經》、《大集月藏經》❹等。印順法師也在其《成佛之道》第三章列舉《海龍王經》，所以說十善法是人天眾生乃至無上正等菩提的根本依處❺。

至於在大、小乘諸論典之中，提到十善法的，也極豐富，例如南傳《清淨道論》第一〈說戒品〉❻、漢傳《舍利弗阿毘曇論》卷七、《阿毘曇心論經》卷二、《阿毘曇毘婆沙論》卷二十五〈不善品〉第一之一、《阿毘達磨大毘婆沙論》卷一一二〈業蘊第四中惡行納息〉第一之一、《阿毘達磨俱舍論》卷十六及卷十七〈分別業品〉、《阿毘達磨藏顯宗論》卷二十二〈辯業品〉第五之五、《成實論》卷八、《發菩提心經論》卷上、《攝大乘論》卷下〈依戒學勝相〉第六及《攝大乘論本》卷三〈增上戒學分〉第七、《攝大乘論》世親釋卷八、《攝大乘論》無性釋卷七、《瑜伽論》卷四十〈菩薩地戒品〉第十之一、《十地經論》卷四〈離垢地〉第二之四、《十住毘婆沙論》卷三〈釋願品〉之餘、《大智度論》卷四十六〈釋摩訶衍品〉第十八、藏傳宗喀巴的《菩提道次第廣論》卷五及卷十一等，均有相當多的文字，闡述十善法及十善法與菩薩戒的關係❼。

註解

❶印順法師的《成佛之道》第三章〈五乘共法〉，便以十善法與三福業（布施、持戒、修定）、五戒、八戒等，次第列為是菩薩、聲聞、緣覺、天、人——一切善行的根本。（《妙雲集》中編之五．一一三—一一六頁）

❷大野法道著《大乘戒經の研究》三七〇—三七二頁，東京山喜房佛書林，昭和三十八年七月八日第五版發行。

❸《大乘戒經の研究》三七〇—三七二頁。

❹同上註。

❺《成佛之道》一一六頁。

❻覺音論師造《清淨道論》第一〈說戒品〉，葉均譯，一九八一年中國佛教協會發行，四十頁。

❼日本學者大野法道的《大乘戒經の研究》一書，雖不厭其煩地例舉與十善法相關的大、小乘諸經典，然未論及與十善法相關的大、小乘諸論典。另一位日本學者荒牧典俊以唯識思想為主而寫的〈菩薩行と戒〉，收於日本佛教學會編印的《佛教における戒の問題》（京都平樂寺書店一九六七年發行），所論者，亦僅依據《法句經》、《十地經》、《瑜伽師地論》的菩薩地、《攝大乘論》的增上戒學分。由此可知，光是就十善法與菩薩戒，從大、小乘諸論典中所見資料，已經極

多。

三、十善是世間善法的常軌

十善法的異稱也不少，以業道而言，稱為十善業道及十不善業道；以行為而言，身、口、意的三類，可稱為三惡行及三妙行。以意業的三個項目貪、瞋、邪見，稱為三不善根；無貪、無瞋、正見，稱為三善根。以業道的性質而言，身三、口四的七個項目稱為業，意的三個項目，為前七個項目的道，故稱業道，十個項目相加，行惡即合稱為十惡業道，行善則合稱為十善業道。以此十事為律儀，則名為十善戒。

此十善戒，不屬於聲聞七眾的別解脫戒，所以《瑜伽論》卷四十〈菩薩地戒品〉云：「律儀戒者，謂諸菩薩，所受七眾別解脫律儀。」❶因此，十善不僅是佛教的五乘共法，也當是與世間諸外道師共同遵行的善法。也可以說，任何人，不論信佛不信佛，都當遵守十善法。任何時代任何地方，不論有佛教沒有佛教，都當遵守十善法。所以十善法是一切善法的基礎，也是一切律儀戒的基礎，更是無上佛道的基礎。故在《大智度論》卷四十六云：「有二種戒，有佛時，或有或無；十善，有佛無佛常有。」❷是指在家、出家的七眾別解脫戒及三聚淨戒，佛住世時或有或無，而十善戒則有佛之世及無佛之世，永遠都有。此在《優婆塞戒經》卷六，也有如此的看法：

「佛未出世，是時無有三皈依戒，唯有智人，求菩提道，修十善法。」

「因十善故，世間則有善行惡行，善有惡有，乃至解脫，是故眾生，應當至心，分別體解十善之道。」❸

《優婆塞戒經》所示的意思，已相當明瞭，跟《大智度論》所說的頗為一致，無佛之世，也就是佛未出世之際，雖尚沒有「自皈依佛，自皈依法，自皈依比丘僧」的三皈依戒❹，但對於有智慧的緣覺及菩薩根性者，為了求得緣覺菩提及大菩提，也會修行十善法。其次，世間雖無佛法之際，卻已有了十善法，所以一般的人們，也有善行及惡行的標準；如果世間或有佛法或無佛法，只要有十善法，人們便有修行解脫道的機會。故在《中阿含經》卷十五第七十《轉輪王經》有云：此世界的人壽減至十歲時，便有一連七天的刀兵劫，劫後餘生的人們，便知共行十善法，乃至人壽增長到一萬歲時，也都是由於逐漸增行十善法的緣故❺。這也說明了十善乃是世間善法的常軌，是被佛法所肯定的，但卻未必要由佛說，未必出於佛教。正如日本學者土橋秀高氏所說，十善法是從世間法貫串到菩薩戒的❻。中村元博士，也有一篇文章〈十善の成立〉，他以為佛教所說的十善，是承受了婆羅門教及耆那教所標的五大誓戒之內容，就這樣在原始佛教中發展出來的。他說最典型的一部經典，叫作《修行者之功德》（*Sāmañña-phala-sutta*），在那部經中，介紹六師外道思想之後，便以佛教的立場，敘說出家修行者的功德。那是採取五大誓戒的前四項：捨斷殺生、捨斷不與取、捨斷不純潔的男女行為、捨斷虛妄語。這是佛教以前就有的印度社會的一般倫理，被佛教包容吸收，再予以改進而成了身三（不殺、不盜、不邪淫）、口四（不妄語、不兩舌、不惡口、不綺語）的七善行，再加上意三（不貪欲、不瞋恚、不邪見），而成為十善戒的體系。不過在《修行者之功德》那部經典中，尚未發展到這個程度，原因是這部經典尚未脫離耆那教精神的氣氛，而耆那教及當時的印度其他宗教，都從行為的結果看，不從行為的動機論，唯有佛教特別重視「我們的心」這樣東西，所以成立了身三、口四、意三的十善戒❼。

註解

❶《大正藏》三十・五一一頁上。

❷《大正藏》二十五・三九五頁下。

❸《大正藏》二十四・一〇六六頁下。

❹通常未將三皈依視作別解脫戒，但在《優婆塞戒經》中稱為「三皈依戒」。今人尤其是一類希望脫離出家僧團的依歸而別創在家佛教團體的人士，主張也可皈依在家僧，可是在《玉耶女經》（《大正藏》二・八六五頁下）、《中阿含經》卷三第十六經及卷四第二十經，都有明文記載，乃至已經證了聖果的在家人，也要：「我今自皈依佛法及比丘僧。」（見《大正藏》一・四三九頁下、四四八頁下）類此例子在阿含部及律部，相當地多，可見皈依三寶之中的僧，是指出家僧而非在家僧。

❺《大正藏》一・五二三頁中—五二四頁中。

❻土橋秀高著《戒律の研究》一三一頁。一九八〇年五月，京都市永田文昌堂發行。

❼日本印度學佛教學會於昭和四十六年三月發行的《印度學佛教學研究》第十九卷第二號，九—十四頁。

四、十善與五戒都是佛法的正道

十善既為世間一般人都該遵守的常法，如果已是一個佛教徒的三寶弟子，不論在家、出家，都應至少要以遵守十善戒為起碼的條件，而此十善法有其他印度各宗教倫理基礎的共同特色。

不過，從耆那教等五大誓戒❶，發展成十善戒的同時，不能忽略了在家佛教徒必須遵守的五戒，那就是不殺生、不偷盜、不邪淫、不妄語、不飲酒。佛教五戒的特色是第五不飲酒，此五戒在南傳巴利文《法句經》稱為五惡；南傳的《如是語經》則將三皈五惡連用❷；南傳的《天宮事經》，將離殺、妄、盜、邪行、飲酒，稱為五學處；南傳的《譬喻經》說把握三皈，守持五戒，於佛心起信樂，而得滅苦❸。五戒有種種名稱，但在這些古經典中，尚未發現十善之名，唯於南傳《法句經》及《如是語經》，均已說到必須制御身、口、意三業，因為造作身、口、意的三惡行，便墮奈落（地獄），三妙行即能生於天界❹。

不過，由於五戒的身、口二業，必須有意識的配合，方能成為從因到果的業道事實；所以若有五戒的身、口二業，必有意識為其主導。因此而形成身、口、意的三惡行及三妙行，乃是必然的趨勢。此所謂的三惡行及三妙行，發展成為十善法時，便是指的身三、口四、意三；造惡為三惡行，修善為三妙行。五戒十善是出家在家共同的倫理軌範，只是在家人僅受五戒十善，故說離邪淫，而出家者增受出家戒，故須遵守梵行。

十善法的出現，除了跟五戒有密切的關係之外，與八正道也有關聯，如果僅修人天善法求人天樂果，持十善戒就夠了，若想獲得涅槃果位，十善法便得與八正道並用，例如《雜阿含經》卷二十八第七五一經，將八正道的修行，稱為「起正事者，則樂正法」❺，正事即是八正道，正法也是律儀戒。《雜阿含經》卷二十八的第七九〇經說：「何等為正？謂人、天、涅槃。何等為正道？謂正見乃至正定。」❻此經的「正」，是修人、天、涅槃法；怎麼修？是修正見、正志、正語、正業、正命、正方便、正念、正定等的八正道。可是到了連接著的《雜阿含經》卷二十八的第七九一經，便將八正道改成了十善法：「何等為正？謂人、天、涅槃。何等為正道？謂不殺、不盜、不邪淫、不妄語、不兩舌、不惡口、不綺語、無貪、無恚、正見。」❼

由此可知，從五戒出十善，十善是世間出世間的五乘共法，八正道是解脫法。

行十善而有智慧，亦是解脫法，若無智慧，不離我執，十善仍是世間善法，故對世間一般人而言，行十善是能夠生於人間及天界的善業，若對聲聞乘的修行者而言，便是解脫法，故亦可將十善與八正道，同名謂正事及正道。

五戒是十善的根本，十善又是八正道的根本。因在五戒的前四戒，是身三業、口一業，十善則身三業照舊，而將口業的妄語細分為四，再加意業的三項，共計成為十業道。除了飲酒是五戒的特色，未被列入通常的十善，其餘的內容，便是五戒的延伸，由於飲酒本身不是惡業❽，只是飲酒之後可能造作身三、口四的七業，所以在五戒要禁止飲酒，十善則未必列入離飲酒。尤其十善既是世間共同的倫理軌範，佛教雖戒飲酒，是為防止犯罪，一般的宗教未曾戒酒，故未將戒酒列入十善。因此，以致在佛經中要求在家的優婆塞、優婆夷，須受三皈五戒，同時遵行十善。因此，經中要說五戒是三皈弟子必須受持的生活軌範，十善則是世間出世間乃至無上正等菩提的正道。故在《玉耶經》❾及《玉耶女經》❿都將五戒與十善配合起來講的。

依據南傳的《清淨道論》第一〈說戒品〉，也將五戒與十善戒乃至八戒，連合起來講的，那是對於信仰三寶的在家男女，所規定的實踐軌範：

「優婆塞、優婆夷的常戒五學處，若可能時增為十學處，依布薩支，為八學

處，此為在家戒。」⓫

此引文中的五學處、十學處、八學處，即是五戒、十戒、八戒，而其十戒的內容，根據該書的註釋，引用《無礙解脫道》中所說，五戒與十善是合並排列的，雖舉五戒之名，其實是介紹了十戒。其所謂的五戒，是戒十不善法，對於十不善法的每一條，都有五戒，其五戒的名目是舍斷戒、離戒、思戒、律儀戒、不犯戒⓬。此五戒是為了實踐十善，與三皈五戒的五戒，又另有勝義。

註解

❶耆那教的五大誓是：不殺生、不妄語、不偷盜、不邪淫、不執著。參考拙著《比較宗教學》第六章第一節，一九六九年三月臺灣中華書局出版。

❷參考土橋秀高《戒律の研究》一三二頁。

❸同上註。

❹同上註。

❺《大正藏》二・一九八頁下。

❻《大正藏》二・二〇五頁上。

❼《大正藏》二・二〇五頁上。

❽《成實論》卷八〈十不善道品〉有云：「飲酒非是實罪，亦不為惱他，設令他惱，亦非但酒也。」（《大正藏》三十二・三〇五頁下）

❾《大正藏》二・八六七頁上。

❿《大正藏》二・八六五頁下云：「受十戒三自歸命，歸佛、歸法、歸比丘僧。一不殺生，二不偷盜，三不婬佚，四不妄語，五不飲酒，六不惡口，七不綺語，八不嫉妬，九不瞋恚，十者信善得善。是名十戒，此優婆夷所行。」此經的十善戒，前五項與五戒全同，與一般的十善戒略有出入。

⓫覺音論師造，葉均譯，中國佛教協會發行《清淨道論》，十六頁。

⓬《清淨道論》四十頁。

五、十善是世間善業道也是出世間無漏道

十善法在佛教聖典中的重要性，是跟業感緣起的思想信仰有關，業分黑與白

兩類，也是惡與善兩種。惡有苦報，善有樂報❶，是業感緣起的因果論。依一般說法，造十惡業，即墮地獄、畜生、餓鬼的三惡道。又如《阿毘曇毘婆沙論》卷二十五〈不善品〉第一之一則說，起十惡業，墮十惡處：

「佛經說，修行廣布殺生之業，生地獄、畜生、餓鬼中，乃至邪見，亦如是。」

「修行廣布增上殺生之業，生阿毘地獄；小輕者生大熱地獄；轉輕者生熱地獄；轉輕者生大叫喚地獄；轉輕者生叫喚地獄；轉輕者生眾合地獄；轉輕者生黑繩地獄；轉輕者生活地獄；轉輕者生畜生；轉輕者生餓鬼。乃至邪見，說亦如是，是名行十惡業生十惡處。」❷

這段論文告訴我們，凡行十惡業中的任何一項，都會招致下墮三惡道的果報之苦。三類惡道的地獄道，又依所造惡業之輕重，而有八等，最重的罪報，是生阿毘地獄，又名無間地獄，最輕的罪報是生餓鬼。依據業果思想，果報分有三類：1. 異熟果，即是造惡業墮地獄；2. 等流果，即是從地獄還生人間，若殺生報，則為壽命短促多病；3. 增上果，生而為人中，不僅壽命短促，而且身相醜陋無光。

十善法即是鼓勵人們捨惡業行善業，便可轉黑業為白業，便可轉墮惡趣而生善趣，由感受罪報及苦報而轉為感受福報及樂報。一般人修行十善法，便得人天福報，例如：

（一）《別譯雜阿含經》卷十四第二九七經有偈云：

「如斯眾善法，白淨十業道，悉能修行者，必得生天上。」❸

（二）《雜阿含經》卷二十第五四八經有云：

「行十善業跡，離殺生，乃至正見，當生何所？……當生善趣。」❹

（三）《雜阿含經》卷三十七第一〇四八經有云：

「若離殺生，修習多修習，得生天上，若生人中，必得長壽，……不貪修習多修習，得生天上，若生人中，不增愛欲；不恚修習多修習，得生天上，若生人中，不增瞋恚；正見修習多修習，得生天上，若生人中，不增愚癡。」❺

這些經文，雖然多是佛為比丘弟子所說，但僅示知，修十善得生人間及天上的福報，類此的教說，另在《雜阿含經》卷三十七的第一〇五六、一〇五七、一〇五八、一〇五九等諸經，也都曾說：「自行十善、教人令行十善、讚歎行十善功德者，身壞命終上生天上。」❻《長阿含經》卷七第七《弊宿經》也說：有十惡者，身壞命終，皆入地獄；行十善者，身壞命終，皆生天上。❼

可見，佛陀教化的目的，首重不失人身，同時鼓勵生天。因為再世為人是一般人的願望，上生天上，是一般宗教的信仰。然在確保不失人天福報之後，佛陀便提出了更進一步的目標，那便是通過人天福報的十善修行，進入出世間道的聲聞四果。例如《中阿含經》卷三第十五的《思經》，有如下的說明：

「捨身不善業，修身善業，捨口意不善業，修口意善業，……如是具足精進戒德，成就身淨業，成就口意淨業；離恚、離諍、除去睡眠，……正念正智，無有愚癡，彼心與慈俱。……是以男女，在家出家，常當勤修慈心解脫，……若有如是行慈心解脫，無量善與者，必得阿那含，或復上得。」❽

這段經文是說，捨離身、口、意的十不善業，並且精勤修行正智正念和慈心解脫，便是成就無量的善法戒德，便能獲得聲聞三果乃至四果。此在《中阿含經》卷四第二十的《波羅牢經》，也說多聞聖弟子，離斷十惡業，而念十善業道，便得「一心」的禪定，「心與慈俱」，「無量善修，遍滿一切世間成就遊」，乃至「遠塵離垢，諸法淨眼生」，並「住果證」❾。以此可知，修十善法，對於一般人士的非佛教徒而言，雖屬人天果報的善行，對於三寶弟子而言，不論在家、出家，不論是男是女，其目的應當是在家眾最上要得三果阿那含，出家眾最高要得四果阿羅漢。可見，十善既是有漏的善業道，也是無漏的正道與聖道。

註解

❶《中阿含經》卷四十五第一七五《受法經》說，行十不善，當來受苦報，行十善，當來受樂報。（《大正藏》一．七一二頁下—七一三頁上）

❷《大正藏》二十八．一八八頁中。

❸《大正藏》二．四七六頁上。

❹《大正藏》二．一四二頁下。

❺《大正藏》二．二七四頁中。

❻《大正藏》二．二七三頁上—中；二七五頁中—下。

❼《大正藏》一．四十三頁下有云：迦葉語婆羅門言：「汝親族知識，十善具足，然必生天。」又於同頁中云：「不殺，不盜，不婬，不欺，不兩舌、惡口、妄言、綺語、貪取、嫉妬、邪見者，身壞命終，皆生天上。」此十善之中，插入「不欺」，成為十一項，其實不欺即是不妄言，故係重複，而非增加。

❽《大正藏》一．四三八頁上。

❾《大正藏》一．四四七頁中—四四八頁下。

六、由十善正行道而成為十善律儀戒

在《雜阿含經》卷二十八及卷三十七，共有九經，皆以十善法稱為正行道❶。在《別譯雜阿含經》卷十四第二九七經，說明修十善的功德，可以生天，也可得涅槃，其中有佛陀與天神的對話問答，以偈頌的形式做如下的表現：

佛說：「如斯眾善法，白淨十業道，悉能修行者，必得生天上。」

天讚：「往昔已曾見，婆羅門涅槃，久捨於嫌怖，能度世間愛。」❷

這是說能修十善白淨善道者，必定生天，也能入涅槃。故在《雜阿含經》卷三十七的第一〇五一經，也說：

「殺生者謂此岸，不殺生者謂彼岸。邪見者謂此岸，正見者謂彼岸。」❸

此經以造作十不善業者，為居於此岸受苦報的凡夫，以修十善業者為居於彼岸已得解脫的聖者。我們從以上的資料，可以明白，修十善不僅能生天上，也能解脫生死入於涅槃。可是如果十善法僅是一般的倫理軌範，而不做決定性的非守不可的律儀來處理，大家雖然願得人天福報，十善法卻無約束的力量，所以能夠自動而且經常守持它的人就很有限了。故在《雜阿含經》卷十六第四四二經，世尊曾以受持十善者的人數之少如手指甲上的塵土，不能受持十善者的人數之多如大地的塵土做譬喻❹。所以要將十善法列為佛教徒必須受持的律儀戒，乃是順理成章的必然趨勢。唯有把十善法當作佛教徒的戒條來遵守，才有強制實踐的拘束功能。故在《雜阿含經》卷三十七第一〇六一經，便有如下的一段經文：

「爾時世尊，告諸比丘，有非律，有正律，諦聽善思，當為汝說。何等為非律？謂殺生乃至邪見，是名非律；何等為正律？謂不殺乃至正見，是名正律。」❺

十善法不屬於七眾別解脫律儀戒，此處的經文，則稱十善法為正律，此與將十善稱為正法、正事、正道、正行❻，是脈絡分明的關係。十善既是正事、正道、正行，當然也應該視作正律，要求佛教徒們一體受持。因其本與五戒的內容一致，若能受持五戒，必也能受持十善戒，並無困難。故到《別譯雜阿含經》卷十四第二九七經，就更明白地把十善稱為「戒」，稱為「威儀」了❼。到此為止，十善法在事實的需求上，已被視作佛教徒們若在家若出家的七眾所必修必行的律儀戒了。

註解

❶《大正藏》一・一九八頁中；二七二頁上—中—下；二七三頁上—中—下；二七三下—二七四頁上；二七五頁下。

❷《大正藏》二・四七六頁上。

❸《大正藏》二・二七四頁下。

❹《大正藏》二・一一四頁下有云：「如甲上土，如是眾生，持十善者，亦如是。」

❺《大正藏》二・二七五頁下。

❻《十地經》卷二稱十善為正行。（《大正藏》十・五四二頁上—五四三頁上）

❼《大正藏》二・四七五頁下—四七六頁上有云：「修行何戒行，復作何威儀？」答案是「諸欲生天者，先當斷殺生」、「不盜他財物」、「度邪淫彼岸」、「實語不虛妄」、「除去於兩舌」、「斷於麁惡言」、「除斷於綺語」、「不生貪利想」、「心無怒害想」、「具足得正見」。「白淨十業道」，「必得生天上」。

七、十善依據五戒、四波羅夷而做適應性的調整

十善的內容，通常多以不殺生、不偷盜、不邪淫、不妄語、不兩舌、不惡口、不綺語、無貪欲、無瞋恚、具正見的十個條目為準，若從大、小乘諸經論中所見，也有一些出入差異，今舉十種資料，列表對照如下：（見下頁）

由表上所見❶，十善的次第排列不盡相同，內容名目也不盡相同，乃至相同的內容而其所用名稱也不盡相同。殺與盜兩項，大體一致；第三項的不邪淫是對在家居士說，不得淫他男子是對在家女性說，不淫是對出家人說；第四項的不妄語，也全部都同；其中的《玉耶女經》、《玉耶經》、《十住毘婆沙論》均將不飲酒列入十善，乃是配合五戒的作法。意業的三項，出入最多，三個項目，竟然在十種經論中出現了不嫉妒、不瞋恚、信善得善、不怒、不癡、不祠祀、不貪取、不邪見、不慳貪、不貪欲、不喜隨愚癡等十一種名稱。足以證明十善的內容，除了配合五戒，也是依據出家別解脫律儀戒的四波羅夷「殺、盜、淫、妄」而為考量，其次則為了適應不同的對象和不同的情況，做了少許的調整。

經論名稱	《玉耶女經》	《玉耶經》	《寂志果經》	《梵志頞波羅延問種尊經》	《長阿含經》卷十五《究羅檀頭經》
一	不殺生	不得殺生	不殺	殺	殺
二	不偷盜	不得偷盜取他人財物	不盜	盜	偷盜
三	不淫泆	不得淫他男子	不淫	淫	邪淫
四	不妄語	不得飲酒	不妄言	兩舌	兩舌
五	不飲酒	不得妄語	不兩舌	惡口	惡口
六	不惡口	不得惡罵	不惡口	妄言	妄言
七	不綺語	不得綺語	不罵詈	讒人	綺語
八	不嫉妒	不得嫉妒	不怒	喜隨愚癡	貪取
九	不瞋恚	不得瞋恚	不嫉	瞋恚	嫉妒
十	信善得善	當信作善	不癡	祠祀	邪見
十善總稱	是名十戒	十戒優婆夷法	修行十善		十行
《大正藏》出處	卷八二六五頁下	卷八二六七頁上	卷二一七二頁中	卷八一七七頁下	卷一一〇〇頁上

《大乘十法經》	殺生	偷盜	惡欲邪淫	妄語	兩舌	惡口	綺語	慳貪	邪見	嫉妒	
《長阿含經》卷七《弊宿經》	不殺	不盜	不淫	不欺不兩舌	不惡口	不妄言	不綺語	不貪取	不嫉妒	不邪見	
《漸備一切智德經》卷一	離于殺生	不盜竊	捨愛欲邪淫	不竊妄語	離兩舌	不罵詈	不綺語	不嫉妒不發癡心	無瞋恨	棄邪見	十善德
《十住毘婆沙論》卷三	殺生	偷盜	邪淫	妄語	兩舌	惡口	綺語	貪	恚	飲酒邪命	
《大毘婆沙論》卷一一二	斷生命	不與取	欲邪行	虛誑語	離間語	麁惡語	雜穢語	貪欲	瞋恚	邪見	惡行

《大乘十法經》	十一卷七六四頁下
《長阿含經》卷七《弊宿經》	一卷四十三頁中
《漸備一切智德經》卷一	十卷四六五頁下—四六六頁下
《十住毘婆沙論》卷三	二十六卷三十一頁中
《大毘婆沙論》卷一一二	二十七卷五七八頁上

註解

❶中村元博士曾於《印度學佛教學研究》第十九卷第二號十三頁，於十善法的名目，做過五種經典資料的對比，本文對照表中的前五種經典，即是參考該文。

八、消極的十善法昇華為積極的菩薩行

大致上說，在原始的聖典中，十善業是跟十惡業相對❶，而其相對的用語，尚有十增法與十退法，增者為十善，退者為十惡❷；妙行與惡行❸；善根與不善根❹。原則是消極地不行惡行、不造惡業，便是善行與善業，故在一般經論中都說，離十惡、斷十惡，便是十善行，便是一切善法的根本。

可是，若從大乘善薩行的觀點而言，離惡斷惡，雖能帶來人間天上的福樂果報，總還不能表現出積極濟世的菩薩行為，故到大乘經典戒波羅蜜多中的十善戒，便被賦予更為積極的救度功能了。

現在試舉二例如下：

（一）《成具光明定意經》有云：

「何謂廣戒？曰廣戒者，謂能攝身之三殃，守口之四過，撿意之三惡。身行者，若見一切眾生，蚑行蠕動，愍而哀傷，縱而活之，隨其水陸，還而安之；若見眾寶珍琦柔軟細滑可意之物，雖身貧苦，內伏其心，不令貪取；及見細色脂粉之飾，則內觀朽爛膿血之臭。斯身之三戒。口行者，謂彼若以（殺、盜、淫、妄）四過加己，則而覺知，口之失也；報以善言和語；至誠不飾；答而化之，使反從己。斯口之四戒矣。意行者，則心習智慧，思惟生死，常住慧處，不惑流湎；又深入道品，空無之要，別了真嗲而無疑難；見善則勸，成則代喜。斯意之三戒。故行道之始，先於十戒，既能自為，又化他人，勤而不懈，行而不休，都無懈惓之想，故曰廣戒也。」❺

（二）另有一部《十住經》的異譯《漸備一切智德經．離垢住品》云：

1.「離于殺生，不執刀杖，心懷慚愧，愍哀群生，常抱慈心，欲濟眾生，……捨身之安，而解眾患。」

2.「不盜竊，心常好施，不貪他財。……覩他所有萬物，生業財寶之利，不生嫉心，……念廣布施，救濟諸乏，割身所供，惠眾窮困，蜎飛蠕動，蚑行喘息，隨其水陸，皆欲令安，不遇眾患。」

3.「捨愛欲邪婬之行，不欲重習，自於妻室而知止足，未曾興心慕樂他妻，……奉清白行，不為穢濁，如母、如姊、如妹、如女無異。清淨鮮明而無沾污。」

4.「不妄語，不樂虛言，所宣至誠，……至於夢中，不演非法，況晝日乎？……常說正法佛之經典，不出俗辭無益之業。」

5.「離兩舌，不傳彼此，鬪亂於人，……和解諍訟使無怨望。」

6.「不罵詈，不演麤辭，不宣惡言，不傷人心，……口所布言，可一切心，柔軟慈和，聞者安隱。」

7.「不綺語，離于飾辭，言無所犯，……雖身溺死，不演非義，身口相應，言行相副。不失神明，不違佛教。」

8.「不嫉妬，不抱貪餮，未曾興心慕求眾欲，他人財業，高德貴性。不發癡心，貪利無義，見人多有豪貴至尊，不以為嫉，心存道義，猶魚依水。」

9.「無瞋恨，心常懷慈，愍哀之心，調和之心，安隱之心，柔軟之心。其心常念欲濟一切，而將護之。」

10.「棄邪見，奉于正見，不墮外學，捨于貪事虛偽之術，吉良之日，不擇時

節，不思國位，……不懷諛諂，表裡相應，心性仁和，奉佛法眾，不失三寶，愍哀三界，皆欲度脫。」❻

從上舉二經，所見大乘菩薩的十善戒，是非常積極的，不僅止於不做十種惡業道，而且必須遵行以慈悲憫哀之心利益廣大的眾生。

不殺生，不僅不殺人，也不殺一切微細動物；不僅不殺動物，而且要隨其水中陸上，及時救生、放生、護生。不僅不偷盜，當行救濟貧乏，惠眾窮困。不僅不邪淫，而且要對自家妻室之外的一切女性，視如母親、如姊妹、如女兒那般地憫哀保護；如淫煩惱起，則正好可以不淨觀的修行法來藉境修觀。不僅不妄語，而且要常說佛法佛經。不僅不兩舌，更要為他人和解諍訟。不僅不惡口麁語傷人，還當以柔軟慈和的佛法，安慰他人。不僅不雜言穢語，而且要言行相符，不違佛教。不僅離貪欲、離瞋嫉、離邪見，而且要心習智慧、思惟生死、深入菩提道品，如魚在水；常懷慈憫之心，常念欲濟一切眾生；見善則勸，善成則代喜；恆以正見，信奉佛、法、僧三寶，皆欲度脫三界眾生。這已不是素樸的十善法，而是菩薩行的菩薩戒了。

註解

❶ 例如《中阿含經》卷十五第七十的《轉輪王經》。（《大正藏》一・五二三頁上）

❷《長阿含經》卷九第十的《十上經》。（《大正藏》一・五十七頁上）

❸（一）《阿毘達磨大毘婆沙論》卷一一二。（《大正藏》二十七・五七八頁上—五八一頁上）

（二）《阿毘達磨俱舍論》卷十六及卷十七。（《大正藏》二十九）

❹ 同上註。

❺《大正藏》十五・四五三頁上。

❻《大正藏》十・四六五頁下—四六六頁中。

九、十善是凡聖同歸大小兼備的菩薩戒法

從大乘經論所見，菩薩道與十善法相接合的例子極多，例如八十卷本《華嚴經》卷三十五〈十地品〉的離垢地，廣明十善業道。因為一切眾生墮惡趣中者，無不皆以十不善業，所以菩薩當作如是念：「我當遠離十不善道，以十善道為法園苑，愛樂安住，自住其中，亦勸他人令住其中。」❶《十地經》卷二〈離垢地〉

也說：「唯諸佛子菩薩，住此離垢地時，自性成就十善業道。」又說：「此上上十善業道，以一切種得清淨故，乃至能成諸佛十力，及餘一切佛法修證。」❷《十住經》卷一〈離垢地〉第二，說菩薩常護十善道，因行十善道可生人處天處；若能修十善道而與智慧和合，畏三界苦，大悲心薄者，從他聞法，即至聲聞乘；若修十善道，不從他聞佛法，自知自悟，深入眾因緣法，而不具足大悲方便，即至辟支佛乘；若修十善道清淨具足，於眾生中起大慈悲，不捨一切眾生，求佛廣大智慧，便是大乘的諸地菩薩；若能清淨修行十善道，乃至能淨諸波羅蜜，能入深廣大行，便得十力四無畏、四無礙，大慈大悲，具足一切種智，便是成佛❸。

十善業道是五乘共法，大乘菩薩，自當自行教他行，自住教他住，令使一切眾生都能修行十善，教他修行十善。由於修持十善業道，少則可生人天，若能依據各自的發心層級高下，可為二乘聖者、可為菩薩、可以成佛。故在《占察善惡業報經》卷上有云：「言十善者，則為一切眾善根本，能攝一切諸餘善法。」❹

從大乘佛教的角度來看，若佛出世，若佛不出世，皆有菩薩及辟支佛出現世間，他們未有佛制的七眾別解脫律儀戒，乃至三自皈依也沒有的時代，辟支佛可依十善為戒，配以智慧觀察眾因緣法，便能悟道，而成為獨覺聖者。至於菩薩，是指發了大菩提心的修行者，永遠應現於眾生群中，修行自利利他的菩薩道；乃至直到最後一身的釋迦瞿曇，在成佛之前，仍舊被稱為菩薩。這些菩薩也都以十善法為律儀戒，例如《優婆塞戒經》卷六〈業品〉有云：「善生言：世尊，諸佛如來未出世時，菩薩摩訶薩以何為戒？善男子！佛未出世，是時無有三皈依戒，唯有智人，求菩提道，修十善法。」❺

菩薩道的修行者，是為憫哀眾生沉淪生死五趣，造作無量無邊種種惡業，受盡無量無邊種種苦報，猶不自知如何尋求出離解脫之道，所以菩薩從生到生，捨身救拔苦趣眾生，救濟之道，就是運用十善法，給予物質及精神的支援，給予理念和方法的勸化。概然地說，即是以佛法的智慧和慈悲，來濟度眾生；比較具體而又基礎的方法，便是以十惡業來警惕眾生，以十善業來鼓勵眾生。故在《大方廣十輪經》卷七〈遠離譏嫌品〉說，菩薩以十輪成熟眾生，乃至也以十輪成佛，彼所謂十輪，便是十善❻。又於《大乘大集地藏十輪經》卷八〈善業道品〉第六，也說菩薩以十善業自得涅槃，並度眾生皆登正覺。其經文如下：

「此十輪者，非餘法也，當知即是十善業道。成就如是十種輪故，得名菩薩摩訶薩也。於一切惡，皆能解脫；一切善法，隨意成就；速能盈滿大涅槃海；以大善

巧方便智光，成熟一切眾生之類，皆令獲得利益安樂。」❼

同經卷九云：

「十善業道，是世出世殊勝果報功德根本。」❽

又云：

「要由修行十善業道，世間方有諸剎帝利、婆羅門等大富貴族、四大王天，乃至非想非非想處，或聲聞乘、或獨覺乘，乃至無上正等菩提。」❾

菩薩摩訶薩代佛轉法輪，便是轉的十善輪；並以此十善輪，成就自己成佛，成熟眾生利益安樂。又如《大方廣十輪經》卷七所說：「若能守護十善，便於善根誓願滿足，成無上道。」❿菩薩十輪拔苦，十善成就的偉大願行，其內容是見小即小，遇大則大，由凡入聖，乃至成等正覺，盡攝有漏無漏世出世間的一切善法。真是凡聖同歸、五乘兼收的菩薩戒法。

註解

❶《大正藏》十・一八六頁上。

❷《大正藏》十・五四二頁中—五四三頁上。

❸《大正藏》十・五〇四頁下—五〇五頁上。

❹《大正藏》十七・九〇二頁下。

❺《大正藏》二十四・一〇六六頁下。

❻《大正藏》十三・七一一頁下有云：「云何名菩薩摩訶薩十種輪者，所謂十善是也，菩薩成就此十輪故，乃能成熟一切眾生。」同卷七一三頁中又云：「菩薩摩訶薩成就此輪，於聲聞乘、辟支佛乘，不生譏嫌。」又云：「若能成就如是十輪者，菩薩摩訶薩疾成無上正真道覺。」

❼《大正藏》十三・七六三頁上。

❽《大正藏》十三・七六八頁上。

❾《大正藏》十三・七六八頁上。

❿《大正藏》十三・七一三頁下。

一〇、以十善法為菩薩戒是印、漢、藏諸大論師的共識

據印順法師的《初期大乘佛教之起源與開展》第十四章，認為日本佛教學者

平川彰的《初期大乘佛教之研究》主張依據「十善」戒解說，初期大乘的菩薩為在家生活，是在家立場的宗教生活；像這種觀點，尚「值得審慎的研究」❶。因為十善法不是七眾戒，而是七眾戒以外的倫理軌範，傳說中的菩薩身分，可具七眾的立場，也可不具七眾的立場，但要成為菩薩，必然受持十善戒。雖然《善戒經》卷四有說：「菩薩摩訶薩若欲受持菩薩戒者，先當淨心受七種（眾）戒。」❷。可是在藏傳阿底峽的《菩提道燈釋》主張，七眾的別解脫戒，一開始就需要，而它正是受菩薩戒的前行。唯對於已經住於大乘種性者和已經在他生修習過大乘的人，自然不行惡事，因此，這些人雖然一開始就受菩薩戒，也沒有過失❸。也可以說，不論有佛出世或無佛出世，凡是菩薩，或在家身或出家身，必受十善戒，菩薩不表示是一種佛教教團內外的地位及身分，而是必然受持十善行的有德之人。所以初期的大乘菩薩，未必拘限於出家生活或在家生活。十善的第三不邪淫，當然是對在家男女而訂，出家男女若增受菩薩十善戒者，自然仍得遵守出家梵行的不淫戒，為了菩薩十善戒是適應僧俗七眾的律儀，故也可以在僧則僧，在俗則俗；佛在經中若對在家男女說十善，便謂不邪淫，若對出家男女說十善，也會交代受持不淫戒❹。

以十善做為菩薩戒，有其包容性及彈性，故在許多大乘經論中，喜以十善為菩薩的尸羅波羅蜜多[5]。在瑜伽唯識系的諸論典中，也以十善列為增上戒學，例如無著菩薩的《攝大乘論本》卷下[6]、《攝大乘論》卷下[7]，無性菩薩造《攝大乘論釋》卷七[8]，均在「三聚淨戒」項下，論列了十善與菩薩戒的關係。因為正如《瑜伽論》卷四十〈菩薩地戒品〉所言：「謂菩薩戒，略有二種：一在家分戒，二出家分戒，是名一切戒。」[9]把十善法做為菩薩戒，便可適應在家及出家的二種分了。

不像是中國漢傳系統所受的《梵網經菩薩戒本》，共有十重四十八輕的五十八戒，雖為在家、出家乃至異類眾生普授，可是其中十重戒的第三條淫戒是「若佛子自婬、教人婬、乃至一切女人，不得故婬；婬因、婬緣、婬法、婬業，乃至畜生女、諸天鬼神女及非道行婬。……是菩薩波羅夷罪」[10]。這明明是修淨梵行或已離欲的出家戒，凡夫位的在家菩薩怎麼可能受持清淨呢？又如《瓔珞經》卷下所列十條，皆是四十二賢聖法的菩薩戒，在其受戒之前，先懺悔身、口、意十惡法，得三業清淨後，即受菩薩十重戒，然其第三條也是：「從今身至佛身，盡未來際，於其中間，不得故淫，若有犯，非菩薩行，失四十二賢聖法。」[11]這種菩薩戒，要求從今身至佛身不得故淫，比較《梵網菩薩戒經》的不得故淫還要難持，應是離欲的聖位菩薩才能做得到。於是形成了中國傳授的菩薩戒，要求從嚴而實踐從寬的弊端。

因此，印順法師主張：「對佛有了充分的信解，就得從十善菩薩學起。」他說：「以菩提心去行十善行，是初學菩薩，叫十善菩薩。」他又說：「十善正行，是以發大悲心為主的菩提心為引導，所以即成為從人到成佛的第一步。」⓬可知，十善既是初發心的菩薩戒，也是通於在家、出家的菩薩戒，更是從人間的賢者直到成佛為止的菩薩戒，乃是最能普及又是最有彈性適應和實用的菩薩戒。故在《瓔珞經》卷下，也重視十善，而說：「一切大眾，皆應發三菩提心。……復有八部阿須輪王，各捨本形，入十信心，行十善行。」⓭雖然《優婆塞戒經》說：諸佛如來未出世時，菩薩摩訶薩以十善法為戒⓮，其實有佛住世時，也應以十善法為初發心者的菩薩，否則便會為授戒的菩薩法師及求戒的初發心菩薩，造成故妄語的犯戒行為了。菩薩法師明知初發心的在家菩薩，不可能終身受持乃至盡未來際受持「不得故淫」的誓願，竟又為他們請聖授戒；新發心的在家菩薩，也明知不可能終身受持乃至盡未來際受持如此嚴格的菩薩戒，竟然又在問及「能持否」時，答言「能」。豈不是於受持的同時，便在犯戒！

我們再看藏傳的大乘佛教，對菩薩戒的立場，他們未用《梵網經菩薩戒本》，倒極重視身三、口四、意三的十種善業，例如宗喀巴的《菩提道次第廣論》卷五，提及十種善法，既能成辦二乘聖果，也能成辦一切種智的佛果[15]。又說六波羅蜜多中的第二尸羅波羅蜜多，雖有三聚，而「此約律儀尸羅增上，說為斷心。此復若具等起增上，斷十不善，是十能斷。……故具等起尸羅增上，說十善業道」。[16]又說：「月稱論師於尸羅波羅蜜多時，亦說是斷十種不善。《十地經》等多如是說。」[17]

文中的十善，即是菩薩的戒增上學，又名尸羅波羅蜜多，菩薩持戒以「心地犯罪為重」[18]，以「盡心為體」[19]，故說菩薩以「能斷心」為尸羅，由此心能斷十不善法，便成尸羅波羅蜜多[20]。尸羅波羅蜜多雖然總為三聚淨戒，而此能斷心，即是約律儀戒的十善法說，於此若具備了等起增上緣時，便斷十不善行，而為十種能斷心，因此要在具足等起戒增上緣時，才名十善業道。

至於文中所引月稱論師之說，即出於他的名著《入中論》，根據法尊法師譯出的《入中論》卷一，有關菩薩尸羅波羅蜜多與十善法的結合，有如下的一段論文：

「此以七能斷（身三、口四）為相，無貪、無瞋、正見三法是七能斷之發起，故約能斷與發起而言，即十善業道也。戒圓滿、戒至極，德淨即清淨功德，淨字亦通戒，謂圓滿清淨也。」

因此而以偈頌曰：

「身語意行咸清淨，十善業道皆能集。」㉑

文中所言發起，與等起增上類似，宗喀巴說，斷身、口七不善業是自性增上，若無意三不善的等起增上，即無因緣完成身三、口四的七不善業，故須以自性增上的七善業，配以等起增上的三善心，便成十能斷心而為十善業道㉒。《入中論》以三種意善業，為發起身三、口四七善業的動力。以身三、口四為七能斷，以無貪、無瞋、正見之三法為發起，即能圓滿十善業道的菩薩戒波羅蜜多，那時已是菩薩十地之第二菩提心離垢地的聖者階段㉓。因為這是已履聖位的菩薩，才能「戒圓滿，戒至極」。若在凡夫位中，雖受菩薩十善戒，還是不能持戒清淨，所以月稱論師又以偈曰：

「如是十種善業道，此地增勝最清淨；
彼如秋月恆清潔，寂靜光飾極端嚴。
若彼淨戒執有我，則彼尸羅不清淨；
故彼恆於三輪中，二邊心行皆遠離。」㉔

十善法的菩薩戒，雖係凡聖同歸、大小兼備的法門，若要能做到持戒清淨圓滿，必須位登二地菩薩，故勸受持菩薩十種善業戒法的人，於我能持戒、有戒讓我持、我有持戒功德的三輪之中，當離我與戒及我與持戒功德的相對執著之心，便離我執，方成持戒清淨。

註解

❶印順法師著《初期大乘佛教之起源與開展》一一九〇頁及一二〇六頁的註一、註二兩條。

❷《大正藏》三十．九八二頁下。

❸陳玉蛟著，東初出版社一九九〇年十二月初版《阿底峽與菩提道燈釋》一四二頁。

❹參考本文第七節十種經論資料對照表中所列《寂志果經》及《弊宿經》，均將十善的不邪淫，說為不淫。

❺（一）八十卷本《華嚴經》卷三十五〈十地品〉的離垢地。（《大正藏》十．一八五頁）

（二）《十地經》卷二〈離垢地〉。（《大正藏》十．五四二—五四三頁）

（三）《十地經論》卷四〈離垢地〉，將菩薩的三聚淨戒稱為離戒淨、攝善法戒淨、利益眾生戒淨，其「離戒淨者，謂十善業道」。（《大正藏》二十六．一四五頁下）

❻《大正藏》三十一．一四六頁中—下。

❼《大正藏》三十一．一二六頁下—一二七頁上。

❽《大正藏》三十一．四二六頁中—四二七頁上。

❾《大正藏》三十．五一一頁上。

❿《大正藏》二十四．一〇〇四頁中—下。

⓫《大正藏》二十四．一〇二〇頁下—一〇二一頁上。

⓬印順法師《妙雲集》下編之一《佛在人間》一三七—一四一頁。

⓭《大正藏》二十四．一〇二二頁中。

⓮《大正藏》二十四．一〇六六頁下。

⓯法尊法師譯《菩提道次第廣論》卷五．一五二頁。

⓰《菩提道次第廣論》卷十一．三〇九頁。

⓱同上書三一三頁。

⓲《攝大乘論》卷下有云：「菩薩有治身、口、意三品為戒，聲聞但有治身、口為戒，是故菩薩有心地犯罪，聲聞則無此事。」（《大正藏》三十一．一二七頁上）

⓳《菩薩瓔珞本業經》卷下〈大眾受學品〉也說：「一切菩薩凡聖戒，盡心為體。」（《大正藏》

二十四・一〇二一頁中）

⑳《菩提道次第廣論》卷十一・三〇九頁。

㉑臺灣新文豐一九七五年七月影印版《入中論》卷二・十七頁正面。

㉒參閱《菩提道次第廣論》卷十一・三〇九頁。

㉓《入中論》卷一・十六頁背面及十七頁正面。

㉔《入中論》卷一・十九頁正背兩面。

一一、結論

從以上所見論列的考察，我們可以知道，十善法不僅是貫串世出世間凡聖五乘的基本善法，也是從凡入聖乃至成等正覺的根本軌範，故被以印度大乘佛教為依歸的漢藏諸大論師們，將之當作菩薩戒的共軌。今後我們漢傳系統的大乘佛教徒們，也當有所反省，既然已在大、小乘諸聖典中，明確地發現了易受、易行、易持的十善法，為最根本的菩薩戒，就該及時調整，把以往以《梵網經》為菩薩戒受持準則的觀念和作法，轉成以十善法配合三聚淨戒為菩薩戒受持準則的觀念和作法；這是回歸佛陀本懷的無上功德。《大智度論》卷四十六說：「十善道則攝一切戒。」❶在他種菩薩戒無法一一遵守的情況下，能以十善戒做為菩薩戒而來涵蓋一切戒，應該是最合佛旨的。

至於誰夠資格受持菩薩戒的十善法？本文第十節已經列舉《善戒經》及《菩提道燈釋》所明，當於受了三皈五戒等七眾別解脫律儀之後，增受菩薩戒；也可以在未受七眾別解脫戒之前，直接受持菩薩戒，唯其必須自知自證過去世曾學大乘法並已能夠「自然不行惡事」；或者是在佛未出世，無有三寶之際，亦得自受十善業道的菩薩戒。準此原則，亦可參考《瓔珞經》卷下所說：

「佛子，始行菩薩，若信男若信女中，諸根不具，黃門、婬男、婬女、奴婢、變化人，受得戒，皆有心向故。」❷

又云：「六道眾生受得戒，但解語得戒不失。」❸

此經的受戒得戒的資格標準，極其厚大，與《梵網經》相類，除此二經，未見有其餘大乘經論做如此說。不過若用十善法為菩薩戒，其性質本來就是遇大則大，遇小則小，遇下則下，遇上則上的大方便門，不做資格的苛求，應該是正確的。

至於如何受得菩薩戒的十善法？可以參考漢傳現行的菩薩戒傳授儀軌，將十善律儀，配合三聚淨戒，再依《受十善戒經》❹等如法編定。

（一九九四年十二月十三日至十二月二十五日撰成於美國紐約東初禪寺，刊於一九九五年《中華佛學學報》第八期）

註解

❶《大正藏》二十五．三九五頁中。

❷《大正藏》二十四．一〇二〇頁中。

❸《大正藏》二十四．一〇二一頁中。

❹《大正藏》二十四．一〇二三頁上—一〇二八頁下的《受十善戒經》是將十善與八戒並受的，而且說：「若受十善不持八戒，終不成就；若毀八戒，十善俱滅。」並說「一日、十日，乃至終身」受持，也是配合八戒而言。（《大正藏》二十四．一〇二三頁下）此對但受十善法的菩薩來說，乃是有待商討的問題。

明末的菩薩戒

一、梵網菩薩戒的源流

菩薩戒是屬於大乘佛法，在中國的佛教史上，對菩薩戒的弘通與律宗戒律思想的傳承是兩個不同的系統；被稱為中國律宗的是屬於以小乘律為主的南山道宣的系統。直到宋朝為止，凡傳承南山系的律學大師，均會涉及菩薩戒的問題；然而到了明末，凡是戒律必定大小並重，而且側重於菩薩戒和比丘、比丘尼律的會通。

相傳《梵網菩薩戒經》（略稱《梵網經》）共有一一二卷六十一品，但被譯成漢文的僅有〈心地品〉一品上、下兩卷，由姚秦時代的鳩摩羅什所譯。到了隋朝，天台大師智顗（西元五三八—五九七年）說有《菩薩戒義疏》（略稱《義疏》）兩卷。到了唐朝，又有明曠就天台的疏而做刪補，總成三卷（宋朝的與咸為天台的《義疏》做註八卷）。另外，唐朝的法藏（西元六四三—七一二年）撰有《梵網經菩薩戒本疏》六卷。新羅的義寂、太賢等也都撰有關於《梵網經》的註疏。然而，由於唐末的會昌法難，佛教的文物多遭毀滅；到了明末，凡是研究梵網菩薩戒的諸師，僅能見到天台智顗的《義疏》，對古人的見地未能充分參考。

二、雲棲袾宏的菩薩戒

明末的菩薩戒之弘揚者，共有五人，其中以雲棲袾宏（西元一五三五——一六一五年）為重鎮。我們知道袾宏的精神屬於禪，思想屬於華嚴，修行的法門則屬於淨土。而梵網菩薩戒在思想方面跟華嚴同源，因此在他的《梵網菩薩戒經義疏發隱》（略稱《發隱》）一書的自序中說，將一切佛法「溯流及源，全歸此戒」，也就是以梵網菩薩戒做為一切佛法的源流。它還是大、小乘自利利他的一切佛法。所以要說：

「故知欲入如來乘，必應先受菩薩戒，由此戒而發舒萬行，則普賢願王，由此戒而廓徹孤明，則文殊智母，諸佛所同揚之標幟，千賢所共履之康莊。大哉菩薩戒也，其一切戒之宗歟。……惜乎雖具全經，未彰妙疏，緬惟智者，始創微言，洎我愚夫，重披隱義。……拂古鏡以維新，遞互承繩，續先燈而廣照，各各悟惟心之佛而恆以戒攝心，人人了是佛之生而竟以生成佛。若僧若俗，是人是神，不簡惡道幽途，無論異形殊類，但知聞法，齊登梵網法門。」❶

從雲棲袾宏的自序內容可知，他所見到的梵網菩薩戒是所有學佛者所應共同遵行的法門。可惜該經沒有全部傳來中土，僅有的上、下兩卷也是文義晦澀、深奧難測；雖有天台智顗為之說過《義疏》，還是微言大義，因此從一個普通人的立場來看，必須重新對其中的隱密奧義做淺顯的披露。書中有「古鏡」、「先燈」這些名詞，都是出於《楞嚴經》和禪宗的觀點；不論僧、俗、人、鬼，乃至於惡道和冥界的眾生，都能由於受梵網菩薩戒而同登盧舍那佛的蓮華藏世界。這和一切眾生都有佛性的涅槃、華嚴思想都是共通的。

可是從他的另一本《梵網菩薩戒經義疏發隱問辯》中，可以看到袾宏的思想雖立足於佛教，卻不屬一宗一派，而是涵蓋面相當廣的；舉凡經咒、戒律、禪定，無不引用，並承認他們具有相等的地位，而且也採用儒、道二家的著作和觀點來做菩薩戒的註腳。❷

袾宏對於中國的禮俗沒有像廬山慧遠大師那樣主張「沙門不敬王者論」，因為明末的環境不允許佛教徒提出那樣的論點。他說：「時以佛法為重，優容我等曰勿拜（君父），則遵內教可也。時以人倫為重，定為成式曰當拜（君父），則遵王制可也。此何所據？《薩婆多論》云：『比丘違王制者得罪。』」這也可以說，佛教既傳入中國這個君主體制且重視君君、臣臣、父父、子子的倫理社會中，應該入方隨俗，否則的話，只有被視為化外之民，以不敬之罪不能被中國社會所接受。可是《梵網經．菩薩心地戒品》明明說：「出家人法，不向國王禮拜，不向父母禮拜，六親不敬，鬼神不禮。」❸此在中國君主時代的環境下，是無法遵守的。

袾宏對於本經在佛法中的地位的判屬，認為古來一向把《梵網經》和《華嚴經》看成同類❹，但又把禪宗和《梵網經》拉在一起，而說本經有三宗：1.本宗，那就是直屬禪宗，因為本經稱為心地法門，心的意思就是禪宗的宗，此在《六祖壇經》就有「說通及心通」之句，因此袾宏認為「心者群經之祖，萬法之源」。禪宗既稱為心宗，所以本經應屬於禪宗。2.兼宗，它兼容並包大、小乘各宗乃至外道偏門，所以應該為各宗共同的歸屬。3.無宗，《六祖壇經》說以無念為宗，無相為體，無住為本，既然一切皆無，當然是無宗。所以袾宏說：「覓心體相，不可得故，常為心宗，不宗心故。」也就是說，心既無本體，也無定相，但它為一切心念的本源，而不等於一切心念的自體，這實在是禪宗的觀點❺。因此有人問他禪宗以什麼為宗，他用華嚴宗的教判把《梵網經》及禪宗，同判為頓教，而且是圓頓，不是但頓。它們是一切乘所不能收，一切教所不能攝，所以不僅超過頓教的位置，也不能給它們一個圓的名字，乃是把《梵網經》的地位置於最高層次❻。

又因為袾宏是以念佛的彌陀淨土為歸宿的，因此他在註釋《梵網經》「孝名為戒」四個字的時候，便引用《觀無量壽經》所舉的三個往生西方極樂世界的條件，稱為修三種福業；其第一便是孝養父母、奉事師長、慈心不殺、修十善業❼。因此袾宏說「戒不離孝」，《梵網經》既然以孝為戒，所以也是屬於淨土法門，而且又說：「念佛修淨土者，不順父母，不名念佛。」❽從以上的介紹，我們知道，袾宏的菩薩戒思想實際上是以戒為基礎，而要溝通、包容全體佛法，乃至於世法在內，無不容攝。這不僅是禪宗的思想，其實是華嚴的架構。

註解

❶《卍續藏》五十九．六四七頁下。

❷《卍續藏》五十九．八四六頁下。
❸《大正藏》二十四．一〇〇八頁下。
❹《卍續藏》五十九．八五三頁下。
❺《卍續藏》五十九．八五五頁上。
❻《卍續藏》五十九．八五五頁上—下。
❼《大正藏》十二．三四一頁下。
❽《卍續藏》五十九．七〇五頁下。

三、蕅益智旭的菩薩戒

蕅益智旭（西元一五九九—一六五五年）關於菩薩戒的著作共有五種，計十一卷❶。從他的《梵網經合註》（略稱《合註》）的緣起文可知，他所提及的僅有天台智顗的《義疏》和雲棲袾宏的《發隱》，而且都有批評。

他說天台智顗的時代，人的根器還很利，同時智顗已經有了教觀法門的宣揚，所以僅僅對菩薩戒的下卷作疏。因為他精通律藏，「文約義廣，點示當年之明律者則易，開悟今時之昧律者則難」。也就是說，天台智顗的《義疏》太深奧，現在的人不易看懂，老早把它當成祕典藏諸高閣，無人問津。

他又對雲棲袾宏的《發隱》有所不滿，而說：「此其救時苦心，誠為不可思議，特以專弘淨土，律學稍疎，故于義疏，仍多闕疑之處。」❷這也就是認為袾宏不是學律的人。以曾把全部律藏看過三遍的智旭來看《發隱》這本書，發現它不是純粹律學的著作，甚至可說，袾宏並不真正懂得律學；做為一般人的參考有用，可是疑點非常多❸。因此促成智旭撰寫一系列有關菩薩戒的著作和註解。

從智旭的五種有關菩薩戒的著述之中，可以看到其中最重要的是《梵網經玄義》（略稱《玄義》）和《合註》；從架構上看，是模仿天台智顗的《義疏》。智顗以釋名、出體、料簡等三重玄義說明他對於《梵網經》在佛教中的地位和作用的看法，同時以簡明扼要的方式疏解其下卷菩薩戒的部分。雲棲袾宏的《發隱》雖然增加了很多經論內容，甚至有與戒律不相干的資料，還是遵循著天台智顗的模式和範圍。到了蕅益智旭，由於他對前人的著述不滿足，尤其沒有《梵網經》上卷的著述流通❹，所以發心撰寫了《玄義》和《合註》。

《玄義》的方式是根據天台家的釋名、顯體、明宗、辨用、教相之「五重玄義」的模式而撰成。《合註》是打破以往兩書的慣例，而從《梵網經》的第一卷起頭下註。

此外，智旭註解《梵網經》的方式和古人也有所不同，那就是只有大科，沒有細目，只有段落的分條，沒有重重的分科；非但不支離破碎，而且一氣呵成，他雖也引用經律，可是讀來仍有行雲流水之感。據他自己在緣起文中提起，當他撰寫《玄義》和《合註》時，文思非常敏捷，有若發悟：

「如是昉公遠從閩地攜杖來尋，為其令師肖滿全公，請講此經，以資冥福。復有二三同志歡喜樂聞，予由是力疾敷演，不覺心華開發，義泉沸湧，急秉筆而隨記之。共成《玄義》一卷、《合註》七卷。」❺

由此可知，智旭詮釋《梵網經》，不僅有經律的依據，也是出於他心地的開發。可惜在他當代而稍後的幾位《梵網經》的註釋家均未提到這兩本書。也可以說，在明末清初，智旭闡揚菩薩戒的著作，沒有受到佛教界的重視，原因何在？可能是因為智旭門下未見有傑出的法將。

智旭的「五重玄義」和天台智顗的「三重玄義」最大的不同之處，是對於體的處理。天台智顗用「出體」來說明無作戒體，所謂無作戒體，就是無漏色法，非本心本有，而是由師師相承傳授而得。未受戒者無戒體，已受戒者有戒體，「受之則得，不受則無，持之則堅，毀之則失」❻，所以不是理體而是事用。然而智旭的《玄義》之中，「顯體」項下，是以諸佛的本源心地為體，也等於是諸大乘以實相印為體，而且把此本源心地的理體解釋成許多名稱，如法住、法位、一切種智、一實境界、中道第一義諦等❼。這也是因為他重視《梵網經》的「心地」二字的涵義，而且雖然沒有明言跟禪宗的關係，其實暗與禪宗的觀念相應。

他在寫完《玄義》和《合註》十五年後，又寫了一卷《菩薩戒本箋要》（略稱《箋要》），其原因是他的《合註》文義太廣，不是每個人都能閱讀的，因此有人要求他再寫一本比較淺顯而精簡的菩薩戒註解，使得每半個月讀誦菩薩戒本的人略知其大意❽，這也是非常有趣的事。最初由於智顗的《義疏》太深奧，而有蕅益智旭的《玄義》和《合註》，結果還在他住世的時代，就有人認為《合註》不是末世鈍根所能遍閱而要求他再編一本簡要的註解❾，這種工作可能是永遠做不完的。《箋要》既然是《合註》的精簡本，所以沒有特點可資介紹。

另外他也從《瑜伽師地論・本地分》把菩薩地的戒品分科分段加以詮釋，寫成一卷《菩薩戒羯磨文釋》，也就是根據《瑜伽師地論》的菩薩戒受戒法加以解釋和說明。一共分為三大段：第一受戒羯磨，第二懺罪羯磨，第三得捨差別。受戒羯磨又分為從師受和在如來像前受，主要是禮請有智有力的同法菩薩為戒師而授與菩薩戒。所謂同法菩薩，就是已經受了菩薩戒、已發無上菩提心的人；所謂有智有力，是自知用菩薩戒法，又能以菩薩戒法加被於人的人。如果無法求得有智有力的同法菩薩為戒師，才用如來像前受戒的辦法，這不是菩薩戒的通途，所以智旭又說：

「審訪不得，方許像前自受，若遇明師而不從受，非癡即慢矣。梵網制令求見好相，此中但貴發菩提心，今人設欲自誓受戒，大須自斟酌也。」❿

註解

❶ 1.《梵網經玄義》一卷，2.《梵網經合註》七卷，3.《菩薩戒本箋要》一卷，4.《菩薩戒羯磨文釋》一卷，5.《梵網經懺悔行法》一卷。

❷《卍續藏》六十・六一九頁上。

❸《梵網經合註》的凡例有云：「《義疏發隱》一書，其中缺略雖多，紕謬則少，縱有一二出入，

亦不復辨別是非長短。」（《卍續藏》六十・六二〇頁下）

❹《梵網經合註》的凡例有云：「此經上卷雖有一二家解，不足流通。」（《卍續藏》六十・六二〇頁下）

❺《卍續藏》六十・六一九頁下。

❻《卍續藏》六十・六一六頁下。

❼《卍續藏》六十・六一五頁下—六一六頁上。

❽見《菩薩戒本箋要・跋語》，《卍續藏》六十一・三八九頁下。

❾同上註。

❿《卍續藏》六十一・三九八頁下。依據《梵網經菩薩戒本》的原文說：「佛滅度後，欲以好心受菩薩戒時，於佛菩薩形像前自誓受戒，當七日佛前懺悔，得見好相，便得戒，若不得好相，應二七三七乃至一年要得好相，得好相已，便得佛菩薩形像前受戒。若不得好相，雖佛像前受戒，不得戒。」

四、其他三位菩薩戒學者

明末清初對菩薩戒關心研究而留下著作的尚有三位：即三昧寂光（西元一五八〇—一六四五年）、在㠊弘贊（西元一六一一—一六八五年）、德玉（年代不詳）。這三位大德法師，同樣都尊重和參考天台智顗的《義疏》及雲棲袾宏的《發隱》。例如：

（一）三昧的《梵網經直解》（略稱《直解》）卷下末自云：「直解義，唯備自觀，若大智者，應閱雲棲大師《戒疏發隱》。」❶

（二）在㠊弘贊的《梵網經菩薩戒略疏》（略稱《略疏》）孫廷鐸撰序有云：「昔天台智者著《義疏》，以明其宗趣，標其大綱，雲棲大師復註《發隱》，以發天台之所未發，今鼎湖在和尚綜理《略疏》，又補《發隱》之未盡者。」❷

由上面兩段引文已使我們知道，寂光的態度非常謙虛，他雖不是雲棲袾宏的弟子，但對於雲棲的《發隱》推崇備至，而且在《直解》裡也引用智顗的《義疏》，可見他把這兩人的菩薩戒思想等量齊觀。而弘贊本人也不是出於雲棲袾宏的一系，可是他的戒弟子孫廷鐸還是把袾宏的《發隱》跟智顗的《義疏》並列同舉。由此可見，《發隱》一書是受到明末清初普遍重視和流傳的好書。為什麼《發隱》有如此的效果和功能，而且影響深遠[3]？據資料的考察：第一，雲棲大師是恢宏大量的人，主張萬流歸宗，乃至於「水陸佛事」的提倡和真言密咒的應用，而且是推動禪淨雙修的重要人物，所以寶華山的第二代祖師三昧寂光會推崇他，因其第一代古心如馨（西元一五四一——一六一五年）就是一位和雲棲袾宏年代相同、聲氣相投的人[4]。又由於當時的佛教界有一個共同的趨勢和主張，就是禪、教、律並重，例如「經是佛語，律是佛行，禪是佛心」的觀念，幾乎是諸家共同的認識；可能除了當時的臨濟宗徒之外，像《發隱》這樣的態度，會受到普遍而永久的歡迎。

我們看三昧寂光的《直解》，它產生的年代幾乎和蕅益智旭的《合註》相同，只差一年[5]；而且有類似之處，都是從上卷開始下註。在四卷的《直解》之後，又附一卷《事義》，類似雲棲袾宏的《發隱》之後也有《事義》。所謂《事義》是解釋《直解》所用的特別名詞、名相和名數。我們發現他引用了《大乘起信論》的「三細六麤」及天台宗所說的見惑、思惑與塵沙惑；《文殊說般若經》的「一行三昧」；《華嚴經》的內容用得更多，比如十金剛、十忍等；也引用到禪宗的臨濟發悟及昌黎發悟。從這些可見他的思想義趣的大概。

德玉的《梵網經順硃》（略稱《順硃》）撰於西元一六八一年，從他的自署「蜀渝華嚴季而關，聖可德玉」知道，他是四川華嚴寺的開山❻。此外由其自序可知，德玉受戒於西元一六五六年，先學禪，末學律；後來到南京寶華山知道律儀的可貴，頗為嚮往，所以主張禪律並行。然後閉關三載，每天以《華嚴經》、《楞伽經》、《梵網經》等經為日課，但對《梵網經》上卷還是不得要領。最後讀到三昧寂光的《直解》，花了一年多的時間，總算有了進益。但他對於四卷的《直解》有如下看法：

「文理浩瀚，引證攸長，膚學者實難趣入，非悟戒體，廣學多聞，細心于經論律部者，亦不識三昧和尚之深心也。」❼

他雖從《直解》得到很大的利益，但已花了他一年多的時間，可見《直解》不是一般人都能輕易理解的；若非真修實悟且深入三藏教典，就不容易了解《直解》的深義何在。因此他從《直解》中選出部分，再加上自己另外所找到的材料，完成了上、下兩卷的《順硃》。從他自稱到寶華山學戒，又稱三昧寂光為和尚來看，德玉是寂光的受戒弟子，和見月讀體律主應該是平輩。

《順硃》的內容也是從《梵網經》卷上開始，因為卷上的內容是說明介紹菩薩發心到成佛為止的四十個位置，亦即十發趣心、十長養心、十金剛心、十地心。《梵網經》之所以稱為心地法門，就是從這四十個法門而得，這是盧舍那佛的心地，也是諸佛菩薩的心地、一切眾生的心地。如果了解了這上卷的精義，就會知道為什麼要把菩薩戒稱為心地法門了。

（本文係為一九九〇年一月中華佛學研究所召開第一屆國際學術會議論文發表而寫，曾被收集於臺北東大圖書公司一九九〇年印行的《從傳統到現代》論集）

註解

❶《卍續藏》六十一．二〇六頁下。

❷《卍續藏》六十．七七三頁上。

❸《發隱》自序寫於西元一五八七年，《直解》著於西元一六三八年，《略疏》的序撰於西元一六七九年，而《合註》撰成於西元一六三七年，跟《直解》的年代相當，卻未被《略疏》的序提及其名，唯有《發隱》被其他三家共同提起。

❹從他的《經律戒相布薩軌儀》的內容可以看到，收於《卍續藏》一〇七冊。

❺參考❸。

❻《卍續藏》六十一．二二九頁上—二三〇頁上的自序有云：「以華嚴新剏，清規未整。」可知華嚴寺是由他開創的。

❼《卍續藏》六十一．二二九頁上。

明末中國的戒律復興

一、前言

戒律在印度，從佛陀時代到部派佛教時代，並不是獨立的宗派，只是僧伽共同生活的規範。後來部派分張，各部都有他們所傳承的律，二十個部派應該就有二十種律❶。那是由於傳承的不同，不在於基本的內容上有出入。現在翻譯成漢文而收於藏經中的，有四律五論❷，但是中國弘揚的是《四分律》，在唐朝時代就有三個系統❸，其中只有道宣律師（西元五九六—六六七年）的系統被傳承了下來。因為他是根據大乘唯識思想解釋戒體❹，特別受到喜歡大乘思想的中國人所歡迎。他的弟子很多，傳承的時間也很長；到了北宋嘉祐年間（第十一世紀中葉）先後有錢塘的允堪及靈芝元照（西元一〇四八—一一一六年），四分律宗一度復興。❺自此以後直到十六世紀，戒律的傳承在中國幾乎已中斷。幸好此時的中國佛教，各家人才輩出，弘揚戒律的有二大系統：一是雲棲袾宏（西元一五三五—一六一五年），二是古心如馨（西元一五四一—一六一五年），他們二人都有很多弟子，影響深遠。

然在明末的戒律思想已和唐宋的有所不同。在唐宋諸家，是站在《四分律》的立場，以律釋律。到了明末的時代，有四種特色：1.菩薩戒及小乘律的並重。2.用華嚴宗、天台宗和禪宗的觀點來解釋戒律思想。3.可以用大、小乘經論、祖師的著作，乃至世間的典籍來做為解釋戒律的輔助資料。4.引用密咒做為日常生活的修持。由此可見，明末的戒律有了禪、教、律一致，顯、密圓融的趨勢。

註解

❶小乘佛教，相傳有二十個部派，有律本譯成漢文的，僅六部派、四種律。參考拙著《戒律學綱要》第一篇第二章第二節。

❷四律五論，參見拙著《戒律學綱要》同上註。

❸《四分律》的三系是指：南山道宣依《唯識論》、相部法礪依《成寶論》、東塔懷素依《俱舍論》。

❹無作戒體是無表色法，既是色法，故可代代相傳。此是唯識學的立場。

❺（一）北宋嘉祐年間的錢塘允堪，撰有《四分律含注戒本疏發揮記》（僅存卷三）、《四分律比丘尼鈔科》一卷、《四分律隨機羯磨疏正源記》八卷。

（二）靈芝元照，撰有《四分律含注戒本疏科》八卷、《行宗記》二十一卷、《四分律刪補隨機羯磨疏科》四卷、《濟緣記》二十二卷、《四分刪定比丘尼戒本》一卷。

二、明末戒律的著作

根據《卍續藏經》所收中國人的戒律著述，律釋類除外，從六朝陳的慧思（西元五一五—五七七年）開始到明末為止，約一千年間，一共是二十九種，四十八卷，二十一位作者。可是在明末清初的一百五十年之間，竟然有十三位作者留下了二十六種，四十四卷，並且從《新續高僧傳四集》❶等所見，尚有二十一種未被收入《卍續藏經》，不過從這些著作來看，多半是為了配合日常生活以及傳戒的儀式而編成。他們之中，僅少數人能深入律藏而真正討論戒律問題❷。也可以說，那是一個重視實用的時代，為了配合當時環境的需要，提倡戒律的重要性。

在明末的戒律學者，有二個值得重視的現象：一是對於《梵網菩薩戒經》（略稱《梵網經》）的弘揚，二是對於沙彌戒或在家戒的重視。因為當時的佛教思想，在修持上若不是重於淨土，就是重於禪；在教義的研究上若不是學的華嚴，就是學的天台。而天台的智顗大師（西元五三八—五九七年）為《梵網經》寫有《戒本疏》六卷。並且，《梵網經》的思想，屬於華嚴部，因此不論是華嚴宗或天台宗的學者，都喜歡弘揚《梵網經》。事實上，在漢文的菩薩戒本，除了《梵網經》之外，尚有出於《瑜伽師地論》及《優婆塞戒經》的戒本。

又由於傳自印度的比丘、比丘尼律，在中國的文化背景及社會環境中，很難照著實行，因此而使中國的佛教徒對於戒律觀念，形成二種狀態：一類是僅僅從資料或學問的研究而介紹戒律，這類人都希望能夠繼承由印度傳來的戒律生活，那就是歷代諸大律師的態度。另一類只求不違背佛教的基本精神，也不拘泥於戒律所規定的細則，例如禪宗的《百丈清規》就是因此而形成。由於唐末之後禪宗漸漸地成為中國佛教的主流，結果「貶學律為小乘，忽持戒為執相」的風氣也極普遍。到了明末時代，佛教的諸大師們不得不呼籲僧眾，嚴持淨戒，重視身儀，所以實用性的戒律著作就陸續地出現，那是重視於沙彌十戒的實踐。既然無法如律遵行比丘的二百五十戒、比丘尼的三百四十八戒[3]，能夠把十戒守住，就能算是清淨的出家人了。其實縱然是十戒也無法持得完整，例如雲棲袾宏在他《沙彌律儀要略》中解釋沙彌戒的第十條「不捉持生像金銀寶物」時，要說：「今人不能俱行乞食，或入叢林、或住庵院、或出遠方，亦未免有金銀之費，必也知違佛制，生大慚愧。」[4]

正因為中國的環境，無法比照佛陀時代的印度比丘來遵行戒律，所以明末的諸師，在思想上接受了天台、華嚴以及禪的觀念；在持戒行儀上模仿成儒家的禮儀[5]。從明末的戒律著作中，可以發現到《華嚴經》、《涅槃經》、《楞嚴經》的經文，和許多真言密咒，如《毘尼日用錄》和《沙門日用》等，就是如此混合而成的著作。而且像見月讀體（西元一六〇一——一六七九年）就用華嚴宗的教判寫《毘尼止持會集》，蕅益智旭（西元一五九九——一六五五年）凡有註解，都用天台家的模式。於是一方面把理念升高，將現實的運作看作無上的法門；另一方面由於現實環境的所限和所需，也不得不捨棄大部分印度傳來的繁複戒律，而採用了禪、密、天台、華嚴及淨土等的修行法門及觀念，以彌補戒律生活之不足。無怪乎當時即有永覺元賢（西元一五七八——一六五七年）對某一種律學著作做了如此的批評：「大都目不見律，而襲取他書。」[6]

註解

❶《新續高僧傳四集》共五十六卷，喻昧庵編成於民國癸亥年（西元一九二三年），時寓於北京法源寺。

❷真正對於律藏做過深入研究的明末清初學者，僅是智旭、讀體、弘贊三人。其餘諸人，是有心於戒律，然不專精。

❸比丘戒及比丘尼戒，通常都說比丘二百五十戒，比丘尼五百戒。但在各部律中，略有出入，請參考拙著《戒律學綱要》第六篇第二章第二節。

❹新文豐出版公司印行《卍續藏》一〇六．二九七頁下。以下凡引《卍續藏》，均據此同一版本。

❺書玉的《沙彌律儀要略述義》稱歎雲棲袾宏有云：「大師以《春秋》之才而解戒相，用《禮記》之法而輯威儀。若非窮究經律，博通傳史者，則不能識其源委也。」（《卍續藏》一〇六．三五三頁上）

❻元賢的《律學發軔．自序》，《卍續藏》一〇六．九二二頁上。

三、明末的在家戒

我們知道居士佛教到明末的時代已相當盛行❶。而在此之前，在家的戒律附屬於比丘戒律，雖有若干部單獨的經典專講三皈、五戒、八戒、十善，但是特為在家戒律而集成一書的現象卻從來沒有發生過。到了明末蕅益智旭特別從藏經裡頭把幾種有關於在家戒的經典加以解釋，合成一冊，名為《在家律要》。到了西元一八二四年，又有比丘儀潤及優婆塞陳熙願，另外增加六種有關三皈五戒的經律，與智旭所集者合為《在家律要廣集》，共三卷。其內容包括三皈、五戒、八戒，《優婆塞戒經》的六條重戒、二十八條輕戒，又有十種善業和優婆塞應守的威儀，還包括了《梵網經》，以及《梵網經》懺悔的方法等。

當時由於重視在家居士的受戒和持戒的問題，還有在轂弘贊（西元一六一一—一六八五年）編寫了《歸戒要集》、《八關齋法》，以佛教的五戒配合儒家的五常，認為如果不持五戒，連人天的道德都不完美。如能受了三皈並持五戒，便能夠「破無明殼，出長夜夢」❷。又說受持八戒能滿一切願，可以生天，乃至成佛❸。

見月讀體也有一卷《三皈五戒正範》，專為在家居士舉行授戒儀式之用。此書雖然未入藏經，但是仍為佛教界流傳迄今。而在另一部在犙弘贊的《沙門日用》的序文，也說到他的這本書雖是為出家人而寫，也是所有在家的「清信士女，有受皈戒、菩薩法者，咸須行之」[4]。

從以上資料所見，在家戒之被明末佛教界所重視，已是相當普遍的事實。也可以說，佛教的重心，在此之前乃在出家僧團，雖有在家戒律的傳授，但是未能做突出和專注的弘揚。到了明末之際，活躍的居士佛教，幾乎要與出家佛教並駕齊驅的現象，便促成了佛教界對三皈五戒的傳授或受持的重視。但這並不等於承認在家居士的地位與出家的僧眾平等，其實是在強調佛教的制度是以三寶為中心，住持三寶則以僧寶為重心。由僧團傳授三皈、五戒給在家居士，居士當親近僧團，以對僧團的恭敬供養為護持三寶的重點。也就是說，既然信仰佛教的人士愈來愈多，水準愈來愈高，如果不受三皈五戒，第一，居士會跟僧團對立，而成立在家的教團，使得佛教失去傳統的尊嚴；第二，如果居士不受三皈五戒，便不能成為正信的佛教徒，容易流為民間信仰或附佛法的外道。

再有八戒，就是沙彌十戒的前九條[5]，能夠讓在家居士也可有嘗試出家生活的機會與經驗，漸漸地也可以達到離欲的目的。所以鼓勵在家的信士信女們，於每一個月之中的六天，來受持八戒。八戒的推行，既能使得在家信眾嚮往出家的生活，也能夠讓居士們有更多的時間親近寺院的僧團，因此受持八戒的齋日，最好是位於寺院。

註解

❶參見拙著《明末佛教研究》第四章〈明末的居士佛教〉。

❷《卍續藏》一〇七．一二五頁上。

❸《卍續藏》一〇七．一六四頁下。

❹《卍續藏》一〇六．二三九頁上。

❺八戒的第六條，即是沙彌戒的第六、第七兩條合併，故名雖八條，實具沙彌戒的前九條，唯不受第十條銀錢戒。

四、明末的出家戒

從明末的諸大師，如袾宏、智旭等的著作中，可以知道當時的出家僧眾不守戒律，不重威儀，是普遍的現象。那也正是佛教沒落，受人歧視的原因。因此當時有兩位非常重要的比丘出現：第一位是雲棲袾宏。他在三十歲那年出家，便在中國歷史上有名的昭慶律寺受戒❶。北宋時代的允堪律師就曾擔任過此寺的住持，所以袾宏特別重視戒律。

憨山德清（西元一五四六——一六二三年）對袾宏的戒律觀念和貢獻的介紹，有如下的一段話：「佛設三學以化群生，戒為基本，基不立，定慧何依。思行利導，必固本根。第國制南北戒壇，久禁不行。予即願振頹綱，亦何敢違憲令。因令眾半月半月誦《梵網戒經》，及比丘諸戒品。繇是遠近皆歸。」❷

由於袾宏舉辦傳戒法會和弘揚戒律，而有其弟子及再傳弟子對戒律的繼續弘揚。蕅益智旭就是最具代表性的一位❸，而智旭對戒學的貢獻遠超過袾宏。也可以說袾宏雖有弘揚戒律的熱誠，但是對戒律的態度不是站在律師的立場，而是站在中國禪師及法師的立場。因此智旭就說袾宏對於「開遮輕重，懺悔之法，尚未申明」[4]。所以引發了智旭對於戒律的弘揚，是站在正統的諸部大律的觀點，撰寫了更多有關大、小乘戒律的著作。

另外一位是古心如馨律師，他的年代幾乎和袾宏同時。也可以說他是近代中國出家戒另一個新源頭的開始。

他出家後先受沙彌十戒，然後未受比丘戒就到五台山朝拜文殊菩薩的聖跡。因為他已知道，若要求得比丘戒，須從十位清淨大比丘舉行的授戒儀式中接受。這在當時的環境而言，乃是相當困難的事。後來他讀《華嚴經》，知道文殊菩薩所在的地方是常住的清涼地，因此他相信朝禮文殊的道場五台山，一定可見文殊菩薩為他授戒。他就從江蘇地方出發，經過三年的跋涉，到了五台山，忽然見到一個形枯髮白的老婆婆，捧著一件舊袈裟，從樹林中出來，並且問他：「你來做什麼？」他答：「求見文殊。」老婆婆就說：「此衣亡兒所遺，你來求戒，便應贈你。」言訖即不見，只聽到有人喊他：「比丘！比丘！文殊在此。」使得如馨如夢初醒。自此便覺得大、小乘的戒律規則，猶如從他自己心中自然流注而出。因此回到南方，中興戒法。他曾主持三十餘所寺院，得戒的徒眾上萬[5]。他所流傳的戒律著作，雖僅《經律戒相布薩軌儀》一卷，已可窺知其戒律思想的大概。他雖以弘揚戒律為名，也的確是以戒律為主，但其對於禪、淨土、華嚴、密等諸宗的概念，大、小乘顯密諸經之行法也納入其中。在此以前的中國戒律著作，都不會有如此的包容性和複雜性。❻

由古心如馨處得戒而又弘揚戒律的弟子，再傳、三傳、四傳也很多。從《新續高僧傳四集》卷十九、二十八—三十一所見者，共有三十二位，出於如馨一系。其中有六位撰有關於戒律的著作❼，特別是見月讀體，也是一位中興戒律的重要人物；他的著作，知其名者共有十三種❽；而他的弟子及再傳弟子，都有相當多的人數，也留下了不少戒律著作，特別是書玉（西元一六四五—一七二一年）及德基（西元一六三四—一七〇〇年），每人都有四種以上的著作。事實上到現在為止的中國戒律的傳承，多是從這個系統發展延伸出來。

因為這一系統從初開始就帶有濃厚的密教色彩，也極重視梵唄的唱誦和顯密合摻的儀規。例如《瑜伽焰口施食》及蒙山施食，也都是出於這一系統。也可以說，佛教到了明末清初，雖然有不少比丘弘揚戒律，究其實質乃是諸宗融通、顯密混合的局面，所以未能真正上溯唐宋四分律宗的家風。

註解

❶昭慶律寺位於浙江杭州的錢塘門外，初建於後晉天福元年（西元九三六年），北宋太平興國三年（西元九七八年）築戒壇，每年三月開戒會，七年，敕賜「大昭慶律寺」額。

❷《蓮池大師全集》第四冊，德清撰〈蓮池大師塔銘〉。（臺北中華佛教文化館出版）

❸智旭出家時，袾宏已寂，仍舊在袾宏的像前受了比丘戒。見於《重治毘尼事義集要·序》，《卍續藏》六十三·三二七頁下。

❹《卍續藏》一〇六·六八三頁下。

❺《新續高僧傳四集》卷二十八·九一一頁。

❻《卍續藏》一〇七·三五三—三九〇頁。

❼此六位的名字是：1.三峰法藏，2.三昧寂光，3.茂林性祇，4.見月讀體，5.宜潔書玉，6.定庵德基。

❽讀體的著作有：1.《毘尼日用切要》，2.《沙彌尼律儀要略》，3.《傳戒正範》，4.《剃度正範》，5.《三皈五戒正範》，6.《教誡尼正範》，7.《幽冥戒正範》，8.《僧行軌則》，9.《黑白布薩》，10.《毘尼止持會集》，11.《毘尼作持續釋》，12.《大乘玄義》，13.《藥師懺法》。

五、明末的受戒法

依據《四分律》卷三十三所述，具足戒的受戒法，稱為「白四羯磨」，也就是在十人僧中，弟子做四番請求受戒的宣告，禮請十人僧中的一人做和尚，推出一人做羯磨師，再由羯磨師向十人僧做一番宣告，並三番徵詢同意，若無人有異議，受戒者便成得戒比丘❶。

到了《曇無德律部雜羯磨》受戒法，便增加了問遮難，示四根本戒（淫、殺、盜、妄），授四依法（著壞色衣、乞食、樹下坐、腐爛藥）❷。

再到了唐道宣所集的《四分律刪補隨機羯磨》，將授戒法分作三皈、五戒、八戒、出家授戒法、比丘授戒法、尼眾授戒法的六類。第五類的比丘授戒法又分作正授戒體前的八法、正授戒體及其後的授四依、請依止❸。比起《曇無德律部雜羯磨》又增加了許多說明。

到了撰成於明末清初時代的僧尼授戒法，現存者至少尚有七種，其內容繁簡不等，為各寺傳戒會所採用者，乃係繁本，其中最流行的，是寶華山讀體所撰的《傳戒正範》，行文均用四六對仗的駢體，讀來相當優美，以開導、唱誦、問答的方式進行。除了請十師（一位和尚，九位阿闍梨），尚有十四項目的儀節。而且是將沙彌、比丘、菩薩的三個層次的戒法，在為期一個月或更長的時間之內，次第完成，合稱為三壇大戒的戒期法會。求戒者在戒期中，學習生活禮儀及受戒儀式，稱為「演禮」。對於一落髮就受戒的人，的確有此僧儀養成教育的必要，受戒法會期間太短，反而會造成比丘戒行的墮落，故在《傳戒正範》的序文中，也對一般戒會的情況——「倉皇七日，便畢三壇」加以抨擊❹。

可是，在智旭寫的《授戒法》中，又對繁文縟節的授戒儀式及許多人同時受戒的法會，有所評議，同時也主張，不用定期傳戒，隨時都可入道：

「而後代師匠，多事美觀。……時久遲延則厭倦必起。……文繁則違佛本規。……隨時皆可入道，何須臘八及四月八。難緣方許三人，豈容多眾至百千眾。」❺

也就是說，智旭所見當時的傳戒法會，所用的授戒儀式，為求美觀，所以採用繁複的文字，拖延很長的時間，集合了許多人，同時授受比丘戒法，看來莊嚴隆重，其實不合佛世的芳規。依據《五分律》卷十六，傳授比丘戒法，是平常的行事，凡在每半月的誦戒之時，每年的夏安居圓滿日大眾僧集合時，以及大眾僧自行集會時，只要具足十人僧，便可接受請求授比丘戒❻。

可是中國佛教的環境，異於佛世的印度，不是所有的寺院，平常都能集合十人僧的，故也不能隨處隨時請求授戒，唯有明律的律師有資格擔任授戒師，也唯有律師住持的道場或聘請到了律師的道場，才能舉行傳戒法會，因此，凡傳戒，必定隆重，而且是眾人聚集，同時受戒。

這種現象，在智旭之前，早已如此，智旭之後，還是如此。讀體也是飽讀律典的人，何嘗不知佛世授戒的規式，為了適應環境，也就只好「不違古本，別出新型」❼了。

註解

❶《大正藏》二十二．七九九頁下。

❷《大正藏》二十二．一〇四二頁下—一〇四三頁上。

❸《大正藏》四十．四九五頁下—五〇一頁中。

❹《卍續藏》一〇七．二十二頁上。

❺《卍續藏》六十三．五一四頁上─下。

❻《大正藏》二十二．一一一頁下。

❼《卍續藏》一〇七．二十二頁上。

六、明末的戒律環境

明末清初之際，雖是中國佛教史上的豐收時期，然從當時留下的戒律著述的文獻之中，發現那也是個很不正常的時代。今舉三個例子如下：

（一）古心如馨（西元一五四一─一六一五年），他在四十一歲出家受了沙彌十戒之後，因為難得十位清淨比丘僧為他做授戒羯磨的儀式，不得已而朝禮五台山的文殊菩薩，結果以宗教經驗感得文殊為他證明，呼他「比丘，比丘」。此猶如佛世世尊親度的比丘，都是由佛口喚「善來，比丘」，便是不用任何儀式的。佛滅之後以及佛的弟子們度人出家，必須以「白四羯磨」，完成比丘身分。唯有《菩薩瓔珞本業經》卷下所說的菩薩戒，可有三種受法：一者諸佛菩薩現前受，為上品；二者禮請先受菩薩戒者授予，為中品；三者於諸佛菩薩像前自誓受，為下品❶。可是經過三年的長途跋涉與虔誠禮拜之後，所得的宗教經驗，使得如馨絕對相信，他已由文殊菩薩為他親自授戒，乃是上品戒。這一堅定的信心，促使他全力以赴地弘揚戒律，因此也中興了中國的律宗。

（二）蕅益智旭（西元一五九九——一六五五年）為我們留下了關於戒律的著述有四種六卷，戒律的註釋八種三十二卷，是明末佛教提倡戒律極有貢獻的大師。可是他的受戒方式及其受戒過程，也是相當地奇特。據他於《重治毘尼事義集要》的序文中自稱，他於二十四歲時出家，二十五歲的十二月初八日，即在雲棲袾宏的遺像之前受比丘戒，二十六歲那年，又在袾宏的像前受菩薩戒❷。當他讀了律藏之後，知道他的比丘身分不合佛制，而且慨歎中國戒法的衰微，遂起而呼籲號召「五比丘如法同住」❸，以邊地授戒法的五人僧，承續比丘戒的法統。另一方面也用禮懺方式求取戒體；到了他四十六歲那年，他勤禮千佛萬佛，及修持《占察善惡業報經行法》，始得清淨比丘戒❹。這也是大乘經的觀點和作法。

（三）在慘弘贊（西元一六一一——一六八五年）的戒律著作及註釋，被收於《卍續藏經》中的，計有十一種七十二卷，可是根據他的自述，在明末之際，已無人學習毘尼。他三十四歲時，曾計畫西渡天竺，求請梵僧數人回國，再傳戒法，俾使戒燈息而更著。結果由於時局動亂，未能如願❺。因為他在受了比丘戒之後，以數年的時間閱讀律藏，而又無法獲得明律者的指點，既然無人明瞭毘尼，何以還能有人夠資格為人授戒？所以他不得不說：「至明末時，律之一宗掃地矣！」又不得不說「比見諸方叢席，與人授戒，不依佛制」❻了。因此他懷疑當時各寺院傳授戒法的合法性，而要興起到印度請幾位明律的清淨比丘來再傳戒法的念頭。

由以上所舉三個例子，可見明末的佛教環境，對於戒律而言，是非常惡劣的，在幾位大師的努力之下，竟然又一度造成了中興的機運。尤其是如馨、寂光、讀體、德基一系，枝繁葉茂，傳遍全國。至第五代，已到清朝的雍正及乾隆之世（西元一七二三—一七九五年），學律知律弘律的人才，又漸漸地進入了漫長的冬眠期。實際上在讀體的弟子書玉及德基之後，便已不再見有關於戒律文獻的產生。一直要到清末民初，始有另一位弘揚戒律的大師出現，那便是演音弘一（西元一八八〇—一九四二年）。

（本文撰於一九八九年，曾被收集於一九九〇年十月臺北東大圖書公司印行的《從傳統到現代》論集）

註解

❶《大正藏》二十四．一〇二〇頁下。

❷《卍續藏》六十三．三二七頁下。

❸智旭《靈峰宗論》卷六之一．七頁。

❹拙著《明末中國佛教の研究》二二一—二二三頁。

❺弘贊的《比丘受戒錄》，《卍續藏》一〇七．一七五頁上—下。

❻同上。

適應時空的菩薩戒會

聖嚴發現近代中國臺灣的寺院，處處都在提倡傳授菩薩戒，而對於菩薩戒的精神與宗旨，則多不太清楚。我常遇到受了菩薩戒的在家居士，問起他們受菩薩戒的內容，以及受戒之後要怎麼做的問題。他們幾乎都只知道，在形式上要穿海青、披縵衣、站在前面；在實踐上要吃素、持午、守八戒。其實菩薩沒有定位，在僧則僧，在俗則俗，在七眾之中各依其位。而且菩薩也無定相，故也未必要披壞色衣。

近代中國傳菩薩戒都是以梵網菩薩戒為主要的範本，許多人看了《梵網經》之後，不敢受菩薩戒了。原因是：怕犯戒，會墮地獄，而那些多半不看也不懂的人，反而去受了戒，這是中國佛教衰敗的主因。

早在一九六一年至一九六二年之間，我在璎珞關房寫成《戒律學綱要》這本書時，就有了推廣菩薩戒的精神、改良菩薩戒授受的心願。

一九九〇年，法鼓山中華佛學研究所舉辦第一屆國際佛學會議，以「佛教倫理與現代社會」為主題，我及當時與會學者們發表的論文，一再地強調，佛教倫理，除了戒律，別無其他，唯有社會每一角落都能接受佛教的戒律，佛法才能推廣，否則只是空口說白話，佛教便與社會脫節了。

一九九二年，我們再度舉辦第二屆國際佛學會議，研討主題是「傳統戒律與現代世界」，所邀請的國際著名學者，都是圍繞著佛教戒律與各個時地變遷下的面面觀而談。在我提出的論文——〈從三聚淨戒論菩薩戒的時空適應〉之中，再度強調，佛教的戒律要適應不同時空的社會需求，乃能可大可久，受到當時與會學者一致的認同。

經過三十多年的醞釀，法鼓山農禪寺菩薩戒傳戒會，終於誕生了。戒會用的傳戒範本是聖嚴根據古人的著作，及經論原典的消化而編成的，著重適應時代環境的變遷，著重菩薩精神的發揚，內容簡要而豐富。我不會閉門造車，也不會標新立異，而是要努力回歸佛陀本懷的菩薩風範。

期待以這種傳戒的內容和方式的推廣，能為人間社會帶來積極淨化的作用。

（刊於一九九二年四月十五日《法鼓》雜誌第四十期）

勉勵「萬行菩薩」都受菩薩戒

有戒可犯是菩薩，無戒可犯是外道。

好多人，因為讀了我寫的《戒律學綱要》，便發心受了菩薩戒。好多人，因為讀了《梵網菩薩戒本》，所以不敢貿然求受菩薩戒。好多人，因為只知受菩薩戒有大功德，卻不確知菩薩戒的真實內容是什麼？便受了菩薩戒。

我為適應此一現況，曾經於一九九一年十二月二十二日，在紐約東初禪寺，舉行了一次傳授在家菩薩戒的儀式。目的不在教人根據某一菩薩戒本逐條受持，而是著重鼓勵信眾發起菩薩誓願，那便是我們常念的〈四弘誓願〉，以及菩薩戒的總綱「三聚淨戒」。我在舉行受戒儀式之前，先讓信眾自由參加，聽我講解大乘佛教的三寶弟子對於受菩薩戒的重要性，以及菩薩戒的內容為何？然後讓大家自由決定，受戒或不受戒，結果決定受戒的人數，超過了預先報名登記的好多。

由於這樣的菩薩戒，既能使人歡喜地發起菩薩誓願，種下修行菩薩道的正因，卻不會給受戒者帶來犯戒破戒的罪惡感的心理壓力，所以已經皈依了三寶的人，多會樂意接受。

今天，我們法鼓山的信眾，都被稱為「萬行菩薩」，大家以神聖莊嚴而又沒有心理負擔的情況，稟受菩薩戒，不僅名正言順，乃是水到渠成的事。所以擇定於西元一九九三年二月中旬，在農禪寺舉行第一屆傳授菩薩戒大會，來成就大家的善根。由於場地的限制，除了法鼓山的發心菩薩之外，暫不接受外來菩薩的報名。

由於菩薩戒的本質，是在使人發起無上菩提心，菩提心的基本原則，即是我們經常唱誦的〈四弘誓願〉：眾生無邊誓願度，煩惱無盡誓願斷，法門無量誓願學，佛道無上誓願成。此在我傳授三皈依時，已讓三皈弟子們接受了的。

至於三聚淨戒，乃是菩薩戒的特色，也是菩薩戒的總綱：攝律儀戒、攝善法戒、利益眾生戒。由這三條戒，涵蓋了全部大乘佛法的精神，那就是：止一切惡、修一切善、度一切眾生。止惡、行善、利益眾生，也正是我們三寶弟子已做、正做、當做的分內事。

〈四弘誓願〉及三聚淨戒，是一受永受，直到成佛時為止，因為《菩薩瓔珞本業經》說，受了菩薩戒，「有犯不失」。該經又說：「其受戒者，入諸佛界菩薩數中，超過三（大阿僧祇）劫生死之苦。」「有而犯者，勝無不犯，有犯名菩薩，無犯名外道。」這是說，一旦受了菩薩戒，便已進入諸佛國土的菩薩數量之中，因為若發菩薩誓願，並受菩薩戒者，即是初發心的菩薩，雖然常犯戒，仍算是菩薩。若不發菩薩願，不受菩薩戒，雖然無戒可犯，也不是菩薩。

受持的功德是：若持一條戒，即於一切眾生分上，永遠有持戒功德，若於某時犯某一條戒，僅於某時對某一眾生或若干眾生得犯戒罪。譬如當你受了菩薩戒而犯殺生，即使天天殺，時時殺，也不可能殺盡一切眾生；殺一眾生，僅於一個眾生身上得犯戒罪，卻於其他一切眾生身上不失持戒功德。所以要說，一旦受了菩薩戒，雖然「有犯」，還是「菩薩」，如若未受菩薩戒，根本無戒可犯，所以不是菩薩。譬如殺生，不論有戒無戒，本來即是罪行，不會因為未受戒就不受報。若是受了菩薩戒，犯了戒會懺悔，可重受，漸漸地便愈來愈清淨，愈來愈精進。若不受菩薩戒，便無警惕心，常起惡念，常做惡事，愈做愈多，尚不自知。因此《華嚴經》要說：「戒是無上菩提本。」《梵網經》則說：「微塵菩薩眾，由是（菩薩戒）成正覺。」

我們傳授的菩薩戒，僅以〈四弘誓願〉及三聚淨戒為基礎，再以淨化身、口、意三業的十善法為準則。因為菩薩戒，是「盡未來際」受持，受戒後不必擔心犯戒，也不可尚未受戒便準備犯戒。事實上，受戒之後，就有多方善緣，自然助你持戒，縱然犯戒，也不必被「知法犯法罪加一等」的通俗觀念嚇倒，凡夫地位的初發菩提心者，是嬰兒行的菩薩，就是要在七倒八起或九倒十起的情況下努力向上。凡夫菩薩，應以聖人做模範，卻不要將凡夫菩薩當作聖人來要求；佛法的因果報應，純屬自作自受，別無神明給你懲罰，卻有護法龍天及諸佛菩薩給你加被援助。雖然，罪分兩類：1.是性罪，2.是戒罪，性罪是不論受不受戒，作惡必受惡報。戒罪則犯了戒而得罪，輕者懺悔即無罪，重者比照性罪受報。

萬一不能將菩薩戒的十善法及十重戒全部稟受，乃至僅受其中一條，也是一戒菩薩。此在《優婆塞戒經》卷三說：若受三皈並受五戒者，名滿分優婆塞，亦可於受三皈後，分受一戒、二戒、三戒、四戒，名少分及多分五戒優婆塞。不過，菩薩戒既是「有犯不失」，我還是鼓勵大家來滿分受，寧可受而犯，不要怕犯而不受，道理已經說過了。

目前許多人最重要的疑慮是：不殺生，是否必須吃素？不飲酒戒，能否不受？

我的說明是：

（一）不親手宰殺，不教人宰殺活物做為給你自己享用的食物，並不等於嚴守素食，但為增長慈悲心起見，能夠素食最好。

（二）今日的社交場合，已漸漸容許戒酒的人，他人飲酒時，戒酒者可用其他飲料代替，萬一不可能戒酒，此條可以暫時不受。

其實，以三聚淨戒，做為菩薩戒的基準而言，富有極大的彈性，能適應不同的層次及不同時地的菩薩行者。我為釐清此一觀點，曾於一九九二年七月十九日，在中華佛學研究所假臺北市圓山飯店召開的第二屆中華國際佛學會議中，發表了一篇論文〈從三聚淨戒論菩薩戒的時空適應〉。原因是中國佛教號稱大乘，多數三寶弟子卻不知要受菩薩戒，受了菩薩戒的人，竟又無法把握菩薩戒的根本精神：止惡、修善、利益眾生。所以我也在同一會議的開幕典禮中，發表主題演說——「傳統戒律與現代世界」，做了這樣的呼籲——「戒的功德，在清淨與精進；律的作用，在和樂與無諍。這不正是我們今日世界每一個家庭及社會所需要的嗎？如以淨化身、口、意三業的十善法，再加上大乘菩薩的三聚淨戒：止一切惡、修一切善、利益一切眾生。以無染的智慧，消融貪、瞋等煩惱；以清淨的戒行，導正社會的風氣；以平等的慈悲，接納一切眾生。在眾生群中成就菩提心，也助眾生發起菩提心。」

總之，以三皈、四願、三聚、十善組成的菩薩戒，乃是人人容易受持，人人應該受持的菩薩淨戒。我不敢更改菩薩戒，也無能發明菩薩戒，我僅參考了漢傳及藏傳的菩薩戒內容，配合現代的社會人心，來提倡實踐菩薩戒的精神，鼓勵授受菩薩戒的風氣。

例如一九九二年春天，達賴喇嘛到紐約市，在傳授時輪金剛大法之前，即為參加的全體聽眾，先講寂天論師的《入菩薩行》，並且普授菩薩戒。可見要學菩薩行的大乘佛法，稟受菩薩戒，乃是理所當然的事。《入菩薩行》的菩薩戒，便以三聚淨戒為綱領。

（本文為一九九三年二月北投農禪寺傳授第一屆菩薩戒會而撰）

對在家菩薩戒的認識

問：法鼓山農禪寺所傳授的在家菩薩戒，與其他的道場有何不同？

答：這次農禪寺傳授在家菩薩戒，最主要是由於近年來法鼓山的理念逐漸推廣，有數萬名居士參與「萬行菩薩」的行列，請求受菩薩戒者日眾，法鼓山農禪寺希望能為萬行菩薩提供服務的機會，特舉辦之。

這次的菩薩戒會並不在於形式上的講求，也不是要受戒者受持無法遵守的戒條，而是側重在實際生活中用得上、且容易實踐的軌範，著重於發菩提心、行菩薩誓願的精神。

問：菩薩戒最主要的內容是什麼？受了戒以後應該怎麼做？

答：菩薩戒是聲聞戒（即七眾戒）之外的別解脫戒，最具有大乘佛法的精神特色。菩薩戒是成佛的正因，如果不行菩薩道，就不可能成佛，因此，在大乘經典之中，處處都有菩薩必須遵守的身、口、意三業之行為標準。歷代的大菩薩祖師們把這些要點累積起來，形成了菩薩戒。

在中國，許多戒場都採用《梵網菩薩戒經》、《菩薩瓔珞本業經》、《優婆塞戒經》等菩薩經典，而梵網菩薩戒中每一條戒都含有三種精神，也就是三聚淨戒的內容：「持一切戒、修一切善、度一切眾生。」這三項，實際上也就是〈四弘誓願〉（斷煩惱、度眾生也就是持淨戒、修善法）。所以，一切佛法都是為了度眾生、斷煩惱，其實也就是三聚淨戒的內容。

受菩薩戒，最重要也就是學習三聚淨戒、〈四弘誓願〉的精神。然而，這並不是說，我們一受戒就全部做得徹底，而是須從受戒開始，直至成佛為止，逐漸地、點滴地增長，盡未來際能不斷地學習。因此，菩薩戒是人人都有能力受持的。

可惜的是，以往有戒子受戒後只是在形式上，知道披衣便代表受戒；在實踐上，只知道要吃素及受持八關齋戒，這種向佛的心固然很好，至於像「發菩提心」這樣重要的事卻不明瞭。另外，許多平日非常熱心參加共修也支援法鼓山弘法活動的信眾們，當被問及是否前往受戒時，竟都回答：「不可以，時候未到。」「你讓我來做事，參加共修、念佛、打坐都可以，讓我受戒，這不可以，我不敢。」這是很可惜的現象。期待日後類此的菩薩戒會，能見到更多願發菩提心、願行菩薩道的鼓手踴躍參加。

問：為什麼有「菩薩衣」？在什麼場合可以穿戴？

答：在家菩薩戒子本來應該沒有衣，所謂白衣居士，而縵衣等卻是緇色的。不過，為了表示紀念，或者是表示莊嚴、整齊，這次法鼓山農禪寺傳授在家菩薩戒，特別由果梵法師設計一件象徵意義深遠的「菩薩衣」，一邊繡有佛像，一邊繡有法鼓山的標誌，代表著學佛向法的精神；穿著海青時可以配戴，不穿著海青時也一樣莊嚴。至於什麼場合穿戴呢？若集會有所需要時，農禪寺會事先通知受了菩薩戒的戒子們。

（聖嚴法師於法鼓山北投農禪寺第一屆在家菩薩戒會說戒內容，許文藍編整，刊於《法鼓》雜誌四十期）

附錄一

傳授菩薩戒儀範

一、請師入壇

（全體新戒菩薩，排班相對站立）

（班首出班，執香，隨二引禮法師迎請菩薩法師。菩薩法師進壇拈香）

（維那舉爐香讚）

爐香乍爇　法界蒙熏　諸佛海會悉遙聞　隨處結祥雲　誠意方殷　諸佛現全身　南無香雲蓋菩薩摩訶薩（三稱）

（菩薩法師陞座）

（新戒菩薩，一齊向上，頂禮菩薩法師三拜）

二、頂禮十方三世三寶

（新戒菩薩同誦）

一心頂禮，十方三世一切諸佛（三稱三拜）

一心頂禮，十方三世一切尊法（三稱三拜）

一心頂禮，十方三世一切賢聖僧（三稱三拜）

三、問菩薩戒遮難

（新戒菩薩，長跪合掌）

菩薩法師問：「汝等是菩薩否？」　新戒菩薩答：「是菩薩。」

菩薩法師問：「汝等已發菩提心否？」　新戒菩薩答：「已發菩提心。」

菩薩法師云：「汝等欲受菩薩戒，必須於現世中，未曾犯七逆罪，若隨犯其一，不得受戒。今問汝等，如實回答。」

菩薩法師問：「汝曾殺父否？」　新戒菩薩答：「無。」

菩薩法師問：「汝曾殺母否？」新戒菩薩答：「無。」
菩薩法師問：「汝曾出佛身血否？」新戒菩薩答：「無。」
菩薩法師問：「汝曾殺阿羅漢否？」新戒菩薩答：「無。」
菩薩法師問：「汝曾破和合僧否？」新戒菩薩答：「無。」
菩薩法師問：「汝曾殺和尚否？」新戒菩薩答：「無。」
菩薩法師問：「汝曾殺阿闍梨否？」新戒菩薩答：「無。」

四、懺悔往昔罪業

菩薩法師云：「汝等現生，雖未造七逆罪，可以受戒，但於往昔無量生死以來，曾造無量惡業，現當一心，至誠懺悔，請隨我誦懺悔偈三遍。」

往昔所造諸惡業，皆由無始貪瞋癡，
從身語意之所生，今對諸佛皆懺悔。

（新戒菩薩，每遍就地一拜）

五、請聖降壇，證明授戒

（新戒菩薩，乞授菩薩淨戒）

菩薩法師云：「汝等既已懺悔先世惡業，求授菩薩淨戒。唯依菩薩戒法，當請釋迦牟尼如來為得戒和尚，文殊師利菩薩為羯磨阿闍梨，彌勒菩薩為教授阿闍梨，十方一切諸佛為尊證，十方一切菩薩為同學，我等菩薩比丘為法師。汝等當以一心，至誠啟請，請隨誦。」

香花迎，香花請，弟子□□□等，一心奉請

大德，釋迦如來，為我作得戒和尚，我依如來故，得受菩薩三聚十善十無盡清淨戒，慈愍故。（新戒菩薩就地一拜）

香花迎，香花請，弟子□□□等，一心奉請

大德，文殊師利菩薩，為我作羯磨阿闍梨，我依菩薩故，得受菩薩三聚十善十無盡清淨戒，慈愍故。（新戒菩薩就地一拜）

香花迎，香花請，弟子□□□等，一心奉請

大德，彌勒菩薩，為我作教授阿闍梨，我依菩薩故，得受菩薩三聚十善十

無盡清淨戒，慈愍故。（新戒菩薩就地一拜）

香花迎，香花請，弟子□□□等，一心奉請大德，十方一切如來，為我作尊證師，我依諸如來故，得受菩薩三聚十善十無盡清淨戒，慈愍故。（新戒菩薩就地一拜）

香花迎，香花請，弟子□□□等，一心奉請大德，十方一切菩薩摩訶薩，為我作同學等侶，我依諸菩薩故，得受菩薩三聚十善十無盡清淨戒，慈愍故。（新戒菩薩就地一拜）

六、受四不壞信法

菩薩法師云：「依《菩薩瓔珞本業經》，菩薩當依止四不壞信：皈依佛、皈依法、皈依僧、皈依戒。請隨我誦。」

我□□□，從今身至佛身，盡未來際皈依佛。

我□□□，從今身至佛身，盡未來際皈依法。

我□□□，從今身至佛身，盡未來際皈依僧。

我□□□，從今身至佛身，盡未來際皈依戒。

（誦三遍，每遍就地一拜，第三拜後起立）

七、受三聚淨戒

菩薩法師云：「汝等佛子，欲受菩薩淨戒，廣則無盡無量；約則三聚全收，攝律儀戒、攝善法戒、饒益有情戒。如是三聚淨戒，為過去一切菩薩已具、未來一切菩薩當具、普於十方現在一切菩薩今具。如是菩薩學處，過去一切菩薩已學，未來一切菩薩當學，普於十方現在一切菩薩今學，汝等能受否？」

新戒菩薩答：「能受。」

（新戒菩薩，長跪合掌）

菩薩法師云：「汝等既能受持三聚淨戒，請隨我誦。」

我□□□，從今身至佛身，盡未來際，受持一切律儀。

我□□□，從今身至佛身，盡未來際，修學一切善法。

我□□□，從今身至佛身，盡未來際，饒益一切有情。（三稱）

（新戒菩薩就地一拜後，起立）

八、受十善戒

菩薩法師云：「汝等當知，菩薩當修十善業道，當斷十惡業道。故《十住經》卷一謂菩薩住第二離垢地時，當離十不善道。龍樹菩薩的《大智度論》卷四十六，有謂：『十善是總相戒，其餘無量戒為別相戒。』月稱菩薩的《入中論》有云：『身語意行咸清淨，十善業道皆能集。』汝等當學當持十善戒，請長跪合掌，如實答。」

「願盡未來際，身離殺、盜、邪淫（出家菩薩為身離淫欲），口離妄言、綺語、兩舌、惡口，心離貪欲、瞋恚、不正見。汝等能持否？」

新戒菩薩答：「能持。」

（三問三答後，新戒菩薩起立）

九、受十無盡戒

菩薩法師云：「求受菩薩戒，當發菩薩願，天台《摩訶止觀》，禪宗《六祖壇經》，均倡四弘誓願，請長跪合掌，隨我誦。」

眾生無邊誓願度，煩惱無盡誓願斷，
法門無量誓願學，佛道無上誓願成。

（三遍後，新戒菩薩請起立）

菩薩法師云：「汝等佛子，既發菩薩誓願，我當為汝等，啟白三寶，證明受戒，汝等一心善聽，作意思惟。當我白第一遍了，汝等當觀想十方世界妙善戒法，由心業力，悉皆震動。我白第二遍了，汝等當觀想十方世界妙善戒法，如雲如蓋，覆汝等頂上。我白第三遍了，汝等當觀想十方世界妙善戒法，從汝等頂門，流入身心，充滿正報，盡未來際，永為佛種。此是無作戒體，無漏色法，由汝等增上善心之所感得，汝等當至誠頂受。」

（菩薩法師持香爐起立，新戒菩薩長跪合掌）

菩薩法師云：「仰啟釋迦如來，文殊、彌勒二大菩薩，十方一切諸佛、一

切菩薩，現有發心菩薩等，於我聖嚴菩薩所，乞受菩薩戒，唯願降壇的諸佛及諸菩薩，證明受戒。」（三番啟告）

菩薩法師云：「汝等佛子，《梵網菩薩戒經》，載有菩薩十無盡戒，共有十條，每條皆含攝三聚，若有犯者，非菩薩行，汝應諦受，並如實回答。唯依戒經所示，菩薩戒得少分受、多分受、滿分受，能受者請答：能持，不能受者則不回答。」

從今身至佛身，於其中間，不得故殺生，能持否？

答：「能持。」

從今身至佛身，於其中間，不得故偷盜，能持否？

答：「能持。」

從今身至佛身，於其中間，不得故淫欲（在家菩薩則為不得故邪淫），能持否？

答：「能持。」

從今身至佛身，於其中間，不得故妄語，能持否？

答：「能持。」

從今身至佛身，於其中間，不得故酤酒，不得故飲酒，能持否？

答：「能持。」

從今身至佛身，於其中間，不得故說在家出家菩薩罪過，能持否？

答：「能持。」

從今身至佛身，於其中間，不得故自讚毀他，能持否？

答：「能持。」

從今身至佛身，於其中間，不得故慳，能持否？

答：「能持。」

從今身至佛身，於其中間，不得故瞋，能持否？

答：「能持。」

從今身至佛身，於其中間，不得故謗佛法僧三寶，能持否？

答：「能持。」

（最後一條答畢，新戒菩薩起立）

一〇、受菩薩衣

（新戒菩薩受菩薩衣）

南無本師釋迦牟尼佛

善哉解脫服　缽吒禮懺衣　我今頂戴受　禮佛求懺悔

南無寶檀華菩薩摩訶薩（三稱三拜）

一一、讚歎受戒功德

菩薩法師云：「汝等佛子，已受十無盡戒，能使汝等，度四魔，越三界，從生至生，不失此戒。《菩薩瓔珞本業經》云：『有而犯者，勝無不犯；有犯名菩薩，無犯名外道。』該經又云：菩薩戒是『有犯不失』的；菩薩當知慚愧，常懺悔，若犯重戒，『得使重受戒』。唯諸佛子，既來好心受戒，當善護持，清淨戒體。當知如是菩薩，所受淨戒，最勝無上，乃是無量無邊大功德藏，能夠發起，第一最上，善心意樂，能使一切眾生，普離一切惡行。此菩薩戒，攝盡一切律儀、一切善法、普能饒益一切眾生。是故菩薩三聚、十善、十無盡戒，恭請三聖證明，普攝一切最上功德。」

（新戒菩薩，禮謝法師開示，頂禮三拜）

二、功德迴向

菩薩法師云：「汝等諸菩薩，已受菩薩無盡戒法，已得菩薩清淨戒體，已發菩薩四弘誓願。汝等當以此無量功德迴向：提昇人的品質，建設人間淨土；普願法界一切眾生，人成即佛成；離三界之苦，證無上菩提。請隨誦迴向偈。」

受戒的功德殊勝，無邊的勝福迴向，
提昇人生的品質，建設人間的淨土，
佛法僧三寶常住，戒定慧三學普行，
願三界一切眾生，成無量福慧莊嚴。

一三、恭請菩薩法師開示

一四、供養菩薩法師

新戒菩薩供養菩薩法師，具儀恭敬獻供。（人多時則派代表）

一五、恭送諸聖及菩薩法師

大眾同誦「南無十方常住三寶」，法師下座，禮佛三拜，大眾隨拜。
（引禮法師二人，率新戒菩薩代表六人，恭送菩薩法師回寮）

一六、禮成

受戒功德圓滿

附錄二
菩薩戒會誦戒儀

序

參加誦戒，應該了解誦戒的意義，我一再強調的一個觀念「有戒而犯，勝無不犯，有犯名菩薩，無犯名外道」。原則上凡夫菩薩，應以聖人做模範，卻不要將凡夫菩薩當聖人來要求。但是最重要的是要了解「戒的功能，在清淨與精進」。菩薩戒是有犯不失的，菩薩當知慚愧，常懺悔。誦戒的時候，正好檢查自省各人的身、口、意業，是否常與十善法相應？若有犯戒的地方，應當知慚愧，應當懇切的懺悔，並且及時發願永不再犯。若沒有犯戒的地方，應該心生警惕，隨時隨地護持清淨戒體。

我們要守持「止一切惡、修一切善、利益一切眾生」的三聚淨戒；以無染的智慧，消融貪、瞋、癡等煩惱；以清淨的戒行，導正社會的風氣；以平等的慈悲，接納一切的眾生。在眾生群中成就菩提心，也助眾生發起菩提心。這就是我們菩薩同學伴侶要在此誦戒的重要意義，願各位菩薩同學們，以發菩薩誓願的無量功德迴向：提昇人的品質，建設人間淨土，普願法界一切眾生，人成即佛成，離三界之苦，證無上菩提。阿彌陀佛！

一、大眾依序站立

（禮佛三拜）

二、懺摩

往昔所造諸惡業，皆由無始貪瞋癡，
從身語意之所生，今對諸佛皆懺悔。

（三稱三拜）

三、爐香讚

（唱誦、念誦皆可）

爐香乍爇　法界蒙熏　諸佛海會悉遙聞　隨處結祥雲　誠意方殷　諸佛現全身　南無香雲蓋菩薩摩訶薩（三稱）

四、頂禮十方三世三寶

一心頂禮，十方三世一切諸佛。（三稱三拜）

一心頂禮，十方三世一切尊法。（三稱三拜）

一心頂禮，十方三世一切賢聖僧。（三稱三拜，問訊）

五、頂禮壇上諸佛菩薩

頂禮菩薩戒得戒和尚本師釋迦牟尼佛。（一稱一拜）

頂禮菩薩戒羯磨阿闍梨文殊師利菩薩。（一稱一拜）
頂禮菩薩戒教授阿闍梨彌勒菩薩。（一稱一拜）
頂禮菩薩戒尊證師十方一切如來。（一稱一拜）
頂禮同持同行菩薩戒的十方一切菩薩摩訶薩。（一稱一拜）

六、懺悔往昔罪業

（長跪合掌，誦三遍，每遍就地一拜）

往昔所造諸惡業，皆由無始貪瞋癡，
從身語意之所生，今對諸佛皆懺悔。

七、誦持四不壞信法

（誦三遍，每遍就地一拜）

弟子□□□，從今身至佛身，盡未來際皈依佛。

弟子□□□，從今身至佛身，盡未來際皈依法。
弟子□□□，從今身至佛身，盡未來際皈依僧。
弟子□□□，從今身至佛身，盡未來際皈依戒。

八、誦持三聚淨戒

（誦三遍，每遍就地一拜）
弟子□□□，從今身至佛身，盡未來際，受持一切律儀。
弟子□□□，從今身至佛身，盡未來際，修學一切善法。
弟子□□□，從今身至佛身，盡未來際，饒益一切有情。

九、誦持十善戒

（誦三遍，每遍就地一拜）
弟子□□□，盡未來際，身離殺、盜、淫欲（在家菩薩為邪淫），口離妄言、綺語、兩舌、惡口，心離貪欲、瞋恚、不正見。

一〇、誦持四弘誓願

（誦三遍，每遍就地一拜）

眾生無邊誓願度，煩惱無盡誓願斷，

法門無量誓願學，佛道無上誓願成。

一一、誦持十無盡戒

（誦三遍，每遍就地一拜，最後一遍起立問訊）

弟子□□□，從今身至佛身，於其中間，不得故殺生。

弟子□□□，從今身至佛身，於其中間，不得故偷盜。

弟子□□□，從今身至佛身，於其中間，不得故淫欲（在家菩薩為不得故邪淫）。

弟子□□□，從今身至佛身，於其中間，不得故妄語。
弟子□□□，從今身至佛身，於其中間，不得故酤酒，不得故飲酒。
弟子□□□，從今身至佛身，於其中間，不得故說在家出家菩薩罪過。
弟子□□□，從今身至佛身，於其中間，不得故自讚毀他。
弟子□□□，從今身至佛身，於其中間，不得故慳。
弟子□□□，從今身至佛身，於其中間，不得故瞋。
弟子□□□，從今身至佛身，於其中間，不得故謗佛法僧三寶。

二二、功德迴向

受戒的功德殊勝，無邊的勝福迴向，
提昇人生的品質，建設人間的淨土，
佛法僧三寶常住，戒定慧三學普行，
願三界一切眾生，成無量福慧莊嚴。

一三、誦戒圓滿

（頂禮三拜）

附錄三

傳授幽冥戒儀範

一、迎請法師

（班首出班，執香，隨二引禮法師迎請菩薩法師，進壇，拈香，唱讚）

本源性海　凡聖體同　只因迷障未銷鎔　輪迴劫無窮　聞法開通　戒受悟真空　南無香雲蓋菩薩摩訶薩（三稱）

二、法師陞座

三、往生蓮位前上供

（念佛至往生壇前）

清涼地菩薩摩訶薩（三稱）

南無般若會上佛菩薩（三稱）

般若波羅蜜多心經

觀自在菩薩，行深般若波羅蜜多時，照見五蘊皆空，度一切苦厄。舍利子！色不異空，空不異色，色即是空，空即是色，受想行識，亦復如是。舍利子！是諸法空相，不生不滅，不垢不淨，不增不減，是故空中無色，無受想行識，無眼耳鼻舌身意，無色聲香味觸法；無眼界，乃至無意識界；無無明，亦無無明盡，乃至無老死，亦無老死盡；無苦集滅道；無智亦無得，以無所得故。菩提薩埵，依般若波羅蜜多故，心無罣礙，無罣礙故，無有恐怖，遠離顛倒夢想，究竟涅槃。三世諸佛，依般若波羅蜜多故，得阿耨多羅三藐三菩提。故知般若波羅蜜多，是大神咒，是大明咒，是無上咒，是無等等咒；能除一切苦，真實不虛。故說般若波羅蜜多咒，即說咒曰：揭諦揭諦，波羅揭諦，波羅僧揭諦，菩提薩婆訶。

往生淨土神咒

南無阿彌多婆夜　哆他伽多夜　哆地夜他　阿彌利都婆毘　阿彌利哆　悉耽婆毘　阿彌唎哆　毘迦蘭帝　阿彌唎多　毘迦蘭多　伽彌膩　伽伽那　枳多迦利娑婆訶（三遍）

變食真言

南無薩嚩怛他誐多　嚩嚕枳帝　唵　三跋囉　三跋囉吽（三遍）

甘露水真言

南無蘇嚕婆耶　怛他誐哆耶　怛姪他　唵　蘇嚕蘇嚕　鉢囉蘇嚕　鉢囉蘇嚕　娑婆訶（三遍）

普供養真言

唵　誐誐曩　三婆嚩　伐日囉斛（三遍）

蓮池讚

蓮池海會　彌陀如來　觀音勢至坐蓮台　接引上金階　大誓弘開　普願離塵埃

迴向偈

願生西方淨土中　九品蓮華為父母
華開見佛悟無生　不退菩薩為伴侶

（念佛回戒壇）

四、請聖

香花迎，香花請，一心奉請

大德釋迦如來，哀憐懾受，為菩薩幽冥戒和尚，慈愍故。（新戒菩薩就地一拜）

香花迎，香花請，一心奉請

大德文殊師利菩薩，哀憐攝受，為菩薩幽冥戒羯磨阿闍梨，慈愍故。（新戒菩薩就地一拜）

香花迎，香花請，一心奉請

大德彌勒菩薩，哀憐攝受，為菩薩幽冥戒教授阿闍梨，慈愍故。（新戒菩薩就地一拜）

香花迎，香花請，一心奉請

大德十方三世一切諸佛，諸大菩薩，為尊證，為同學，慈愍故。（新戒菩薩就地一拜）

五、受戒

（大眾長跪合掌）

法師云：「《梵網經菩薩戒本》云：『八部鬼神、金剛神、畜生，乃至變化人，但解法師語，盡受得戒。』故今仗諸佛菩薩慈悲願力，為諸幽冥界一切有緣眾生，說菩薩戒，汝等有緣眾生，應當諦聽。汝等靈界眾生，受戒之前，先當懺除一切罪業障礙。請隨我誦。」

往昔所造諸惡業，皆由無始貪瞋癡，

從身語意之所生，今對三寶求懺悔。（每誦一遍一拜，三遍三拜）

法師云：「今為汝等靈界眾生，先受四不壞信。請隨我誦。」

從今身至佛身，皈依十方三世一切諸佛。

從今身至佛身，皈依十方三世一切尊法。

從今身至佛身，皈依十方三世一切賢聖僧。

從今身至佛身，皈依諸佛如來一切淨戒。（每誦一遍一拜，三遍三拜）

法師云：「再為汝等靈界眾生，受三聚十無盡菩薩淨戒。梵網菩薩十條重戒，條條皆含一切律儀、一切善法、度一切眾生的三聚淨戒，條條皆攝無盡功德故。汝等靈界眾生，應當諦聽，一心奉持。」

盡未來際，不得故殺生，是菩薩淨戒，汝等靈界眾生當受持。

盡未來際，不得故妄語，是菩薩淨戒，汝等靈界眾生當受持。

盡未來際，不得故淫欲，是菩薩淨戒，汝等靈界眾生當受持。

盡未來際，不得故偷盜，是菩薩淨戒，汝等靈界眾生當受持。

盡未來際，不得故酤酒、故飲酒，是菩薩淨戒，汝等靈界眾生當受持。

盡未來際，不得說四眾過，是菩薩淨戒，汝等靈界眾生當受持。

盡未來際，不得故慳，是菩薩淨戒，汝等靈界眾生當受持。

盡未來際，不得故瞋，是菩薩淨戒，汝等靈界眾生當受持。

盡未來際，不得故自讚毀他，是菩薩淨戒，汝等靈界眾生當受持。

盡未來際，不得故謗三寶，是菩薩淨戒，汝等靈界眾生當受持。

六、發願迴向

法師云：「已為汝等靈界佛子，授三聚十無盡菩薩淨戒，今當隨我發菩薩四弘誓願。」

眾生無邊誓願度，煩惱無盡誓願斷，

法門無量誓願學，佛道無上誓願成。（每唱一遍一拜，三遍三拜）

法師云：「汝等靈界佛子，已發無上菩提心願，今當修學菩薩慈悲心行，將此受戒的無量功德，迴向十方一切眾生。」

受戒功德殊勝行，無邊勝福皆迴向，

普願一切諸眾生，同生十方淨佛剎，

十方三世一切佛，一切菩薩摩訶薩，

摩訶般若波羅蜜。

七、功德圓滿

（大眾禮謝菩薩法師，頂禮三拜。眾新戒恭送菩薩法師回寮）

八、送往生牌位

（與往生蓮位前上供同）

智慧海 3

菩薩戒指要

Essentials of the Bodhisattva Precepts

著者	聖嚴法師
出版	法鼓文化
總審訂	釋果毅
總監	釋果賢
總編輯	陳重光
編輯	詹忠謀、李書儀
封面設計	賴維明
內頁美編	小工
地址	臺北市北投區公館路186號5樓
電話	(02)2893-4646
傳真	(02)2896-0731
網址	http://www.ddc.com.tw
E-mail	market@ddc.com.tw
讀者服務專線	(02)2896-1600
初版	原東初出版社1996年初版
四版三刷	2024年6月
建議售價	新臺幣220元
郵撥帳號	50013371
戶名	財團法人法鼓山文教基金會—法鼓文化
北美經銷處	紐約東初禪寺 Chan Meditation Center (New York, USA) Tel: (718)592-6593 E-mail: chancenter@gmail.com

法鼓文化

國家圖書館出版品預行編目(CIP)資料

菩薩戒指要 / 聖嚴法師著. -- 四版. -- 臺北市：法鼓文化, 2022.03
面； 公分
ISBN 978-957-598-946-0(平裝)

1.CST: 律藏

223.1 111001131